KB040786

사랑하는 나의 몸에게

몸이 나에게 걸어오는 말에
귀 기울이는 방법

염두연 지음

사랑하는 나의 몸에게

바이북스
ByBooks

일상의 시간을 늦추고
이제는 나의 몸과 사랑하게 되길

2009년부터 내 삶은 폭풍우 같았다. 그렇게 휘몰아치는 환경에 이리저리 끌려다녔다. 그 바쁜 일정 속에서 내 몸이 어떤 생각을 하고 있는지, 무엇을 원하는지 알아차릴 수가 없었다. 그저 마음의 속도와 호기심의 욕구에 따라 내달렸다. 그러던 어느 날 갑자기 인생을 바꾸는 커다란 사고를 맞이했다. 곁에서 함께 이야기하던 동료가 세상을 떠나고, 나는 척추가 산산조각나며 제대로 걸을 수도 없게 되었다. 몸은 망가지고, 더불어 삶도 망가졌다.

그 시간들을 지나며 이제부터 이렇게 살아야 할 것인가 생각하고 또 생각했다. 몸이 뜻대로 되지 않은 것이 마음에까지 심각한 영향을 미치리라 생각지 못했다. 몸은 언제나 마음이 시키는 대로 따라올 줄 알았던 나의 착각이 무너지며, 겸허해졌다. 몸을 빨리 회복해서 일상으로 돌아가고 싶다는 생각이 무너질 때마다 다시 깨닫곤 했다. 이젠 모든 걸 내려놓고 일상의 속도를 늦추고 몸이 하는 말에 귀를 기울여야 할 시간임을.

사고 후 나는 서서 밥을 먹는 습관이 생겼다. 앉으면 척추에 무리가 가기 때문에 시작된 습관이다. 서서 밥을 먹으면 식사 시간이 짧아진다. 밥을 먹으면서도 빨리 다음 일을 생각한다. 일간 소식지에 따르면 직장인의 밥 먹는 시간이 5분에서 10분 정도라 한다. 밥먹으면서 유튜브 보면서 빨리 먹고 빨리 가서 또 일을 생각한다고한다. 아침 8~9시 지하철 2호선 강남역에 있어 본 적이 있는가? 지하철 안에서 사람들은 쓰나미가 밀려오듯 쏟아져 나오고, 청소기 속으로 먼지가 흡입되듯 사람들이 지하철 안으로 빨려들어 간다. 사람과 사람이 함께 있지만 눈을 마주치는 사람이 없다. 환승역에서는 옆도 돌아보지 않고 뛰어다니는 사람 풍경을 볼 수 있다. 무엇을 위해 저리도 뛰어다닐까? 어디를 향해 뛰어다닐까?

일상의 속도를 늦춘다는 것은 삶의 속도를 늦추는 것이다. 삶의 속도에 행동하고 있는 것은 몸이다. 몸의 속도가 곧 내 일상의 속도다. 내 일상을 이루는 것은 몸이 움직여서 만들어내기 때문이다. 일상의 속도를 늦추는 삶이란 단순한 삶이다. 단순한 삶은 나의 선택에 달려 있다. 우리는 눈 깜짝할 사이에 변화하는 속도전 시대를 살고 있다. 새로운 정보를 다 습득하기도 전에 또 다른 정보를 배워야 살 것만 같은 정보 물살에 둥둥 떠다니고 있다. 눈을 뜨면서부터 내 앞에서 정보들이 떠다니는 듯하다. 늘 쫓기고 분주한 삶이지만 만족함이 없다.

이제 그 선택을 중단해보려 한다. 선택과 삶의 능력이라는 사실을 내려놓고, 선택을 중단한 채 다른 행동을 한다. 바로 자세히 관찰하기, 오래 바라보기, 존재 속으로 들어가 보는 공감하기다. 속도를 늦추며 '사람'을 생각한다. 우리는 관계 안에 살고 있다. 좋은 관계를 위해서는 시간이 필요하다. 일상의 속도를 늦추기 위해서는 잠시 멈춤의 시간이 필요하다. 조금 전에 내가 한 일에 대해 돌아보고 숙고하는 시간을 가져야 한다.

이제 아침에 일어나면 의식적으로 '숨 쉬기 운동'을 한다. 의식적으로 숨을 쉬는 동안은 마음이 잠잠해진다. 아침저녁 의식적인 숨쉬기 운동뿐만 아니라 걸으면서도 올바른 숨쉬기 의례는 계속된다. 숨은 살아있음을 바라보게 했다. 숨은 더 잘 쉬어야겠다는 다짐을 하게 한다. 숨은 새로운 일을 도모할 수 있는 용기를 준다. 올바른 숨은 세상을 순하게 바라볼 수 있는 눈을 열게 한다.

그리고 '도시농부'가 되어 땀을 흘리는 운동도 시작했다. 매년 2월 구청 게시판에 1년간 5평 밭 임대 신청 공고가 나면 곧바로 신청해서 기회를 얻는다. 3월부터는 설렌다. 기다리는 시간도 즐겁다. 올해는 어떻게 공간 배분하여, 어떤 농사를 지을지 기획한다. 첫 개장 소식이 올라오면 소꿉장난하러 가는 아이처럼 들뜬 마음으로 농사 장비를 싣고 떠난다. 땅을 밟으러 간다. 아직은 찬바람이 부는 들판에 씨앗과 채소 모종 몇 포트를 사서 이름표를 꽂아놓고 온다. 일주일 내내 밭이 어떻게 변신하고 있는지 상상한다. 보통 첫 파종은 두 주 후에 성장 경과를 보러 간다. 씨를 뿌린 대로 새싹이 무거운 흙을 밀고 올라온다. 씨앗을 뿌릴 때도 정갈하게 뿌리고, 씨앗 종류도 다양하게 심는다. 쌈 채소뿐만 아니라 토마토, 오이, 고추, 들꽃도 한 송이 심었는데 밭에 갈 때마다 쓰다듬고 안아준다. 거짓 없는 땅과 씨앗들의 율동이 나를 응원해준다. 도시농부가 흘리는 땀은 노동이 아니라 사랑이다. 땀이 배어든 흙, 거기서 나는 작물들 그것들은 나에게 신뢰, 기다림, 사랑을 가르쳐주고, 나는 그것들에게 정성과 사랑으로 답을 보낸다. 단아한 5평짜리 농장을 예쁘게 매만진다.

이 책을 쓰며 나는 깊은 고독의 시간 속으로 들어갔다. 바쁘게 쳐내던 업무를 모두 멈추고 이제 내 몸과 밀당을 하기로 한다. 혼자 자신을 독대하는 의례는 '자기 성찰'의 시간이다. 당연히 해내야 하는 일상을 멈추기는 쉽지 않다. 현실과 떨어져 있는 삶은 두렵고 외롭기 때문이다. 그래도 하루의 의례, 주간 의례는 내 내면의 깊숙이 자리 잡은 마음과 만나는 귀한 시간을 이제 소홀히 하지 않는다. 그 시간은 나를 나답게 조금씩 헤쳐나가게 하는 고마운 스승이니까.

사고 전과 후의 변화, 그리고 내 몸을 바라보는 관점, 몸을 사랑하는 방법. 이런 것들을 책 속에 담아냈지만, 바라는 것이 있다면 이

책을 읽는 모든 사람이 몸의 소리에 귀를 기울이고 몸과 교감하게 되는 것이다. 큰 사고가 오고 내 몸에 트라우마의 무늬가 새겨지기 전에 그래 보기를 원한다. 몸은 언제나 나를 기다리고 있다. 몸과 내가 잃어버린 신뢰를 되찾고 함께 행복해지기 위한 연습은 지금 당장 시작할 수 있다. 더 늦기 전에 그 경험을 시작하길 바란다. 건강한 몸은 내 마음을 만지고 우리 삶을 일으켜 세울 것이다.

22년 3월, 연구실에서
염두연

차 례

Part 4 몸에게 살아가는 법 배우기

: 몸을 깨우는 10가지 방법

Part 1

내 몸이 그토록 소중한지
왜 그때는 몰랐을까

앞만 보며 달리느라
미처 돌보지 못한 몸에게

1장

사고가 났다,
내 모든 삶은 정지되었다

미셸 푸코M. Foucault는 병원을 "새로운 수용소의 탄생"이라고
했다. 병원 창문에는 쇠창살과 빗장도 없지만 통제된 감정에
서 힘들게 보낼 수밖에 없기에.

2019년 11월 25일, 내 삶이 바뀌던 그날

나는 상담사이지만 강의를 할 때가 많다. 강의 시즌인 3월부터 11월까지는 장거리 지방 강의를 자주 다녔다. 2019년은 어느 해보다 바빴다. 부모교육, 인성교육, 독서코칭 등 요청으로 정신없이 분주했던 한 해였다.

가을이 긴 꼬리를 남기고 겨울 문턱에 들어선 11월의 일이다. 일요일 늦은 오후, 연구를 마치고 월요일부터 진행되는 강의를 위해 하루 전날 여유롭게 숙소에 도착해서 쉬었다. 월요일에 함께하실 선생님도 동행했다. 우리는 나란히 누워 집안 이야기며, 최근 각자의 관심사며 이야기를 나누다가 잠이 들었다.

다음 날 아침. 알람 소리에 잠을 깬 우리는 "좋은 아침이에요." 인사를 나누며 설레는 기분으로 하루를 열었다. 우리는 구운 달걀, 사과 한 알, 커피 한 잔으로 아침을 먹으며 오늘 있을 강의에 대해 이야기를 나누었다. 우리는 의미 있고 감동 어린 강의를 하자며 "파

이팅!'을 외치고 강의장으로 향했다. 숙소에서 약 15분 거리였다. 이제 좌회전만 하면 바로 도착이었다. 그리고 "도착입니다!" 하는 순간 "픽!" 소리가 났다.

"어머, 어떡해, 어떡해! 선생님, 선생님!"

11월의 상큼한 새벽 공기 사이로 햇살이 찬란히 비추는 초겨울 아침. 차량통행이 드문 비보호 좌회전에서 여유롭게 좌회전을 하는 순간 '쾅!' 하는 소리와 함께 무언가와 부딪쳤다. 내 차에 엄청난 일이 일어났다는 걸 직감적으로 느꼈다. 조수석에 앉아 있던 선생님을 황급히 불러댔지만 눈을 감은 채 아무 말이 없으셨다. 안전띠를 곱게 매고 두 손을 가지런히 포갠 채… 선생님의 코에선 피가 흘러내리고 있었고, 머리를 좌석에 지그시 기댄 채 눈을 감고 있었다.

나는 선생님의 어깨를 감싸며 "선생님, 선생님. 제 말 들리세요? 선생님, 눈 좀 떠보세요." 하고 온 힘을 다해 소리쳤다. 문도 열리지 않았다. 내비게이션을 켠 채 꽂아두었던 핸드폰도 어디로 튕겨 나갔는지 안 보였다. 앞도 잘 보이지 않는 눈으로 온몸을 바들바들 떨면서 핸드폰을 찾으려 더듬거렸다. 안 되겠다 싶어 운전석 문을 힘껏 열어젖히고 손을 들어 소리쳤다.

"여기 누구 없으세요! 사고가 났어요. 구급차 요청 좀 해주세요!"

다급한 목소리로 소리쳤다. 몸이 떨렸다. 심장이 쿵쾅거려서 가슴을 부둥켜안아도 가라앉지 않았다. 말도 나오지 않았다. 나는 정신이 혼미해졌다. 나를 마중 나온 분과 나머지 몇 사람들의 웅성거리는 소리만 들리는 듯했다. 그 다급한 시간이 얼마나 흘렀을까.

구급차가 왔다. 구급차 안전요원은 조수석을 부수고 옆에 앉은 선생님을 안아 들것에 눕히고 심폐소생술을 했다. 나는 숨을 죽이며 간절히 제발 살아계시기만을 빌었다.

"우리 선생님, 어떡해요. 괜찮으실까요?"

내 정신이 아닌 채로 계속 이 질문만 반복했다. 그리고 들려오는 허망한 소리.

"사망하신 듯합니다!"

내 몸은 얼어붙은 듯 그대로 멈춰버렸다. 선생님은 잠자듯 누워 계셨는데, 그 얼굴은 이미 나와 인사를 나누고 다른 빛의 세계로 가버린 듯했다.

나는 '이게 꿈이겠지, 꿈이었으면 좋겠어. 어떡해 우리 선생님!' 하며 그대로 주저앉고 말았다. 선생님을 실은 구급차는 다급하게 울리는 사이렌 소리를 아련하게 남기고 사고현장을 떠나갔다. 나는 또 다른 구급차 안전요원에 의해 들것에 눕혔다. 그 순간부터 좀 전까지 느끼지 못했던 뼈와 살의 고통 모든 통증이 시작되었고 꼼짝을 못 했다. 냉동인간처럼 굳어진 몸은 구급차에 실려 어디론가 향했다.

나를 실은 구급차는 ○○병원 응급실에 도착했다. 응급실에서 전신 MRI 검사와 응급처치가 시작되었다. 얼마나 시간이 흘렀는지도 모르겠다. 그냥 그대로 '안 깨어났으면 어땠을까.' 수없이 생각했다. 두렵고 떨렸다. 무서운 꿈을 꾸다가 아침을 맞이하듯 의식이 돌아왔다. 마취를 하고 응급처치가 끝난 시간은 몇 시인지 모르겠다. 어렴풋이 다시 깨어나는 순간, "우리 선생님은요?" 하고 눈앞에 나를 지켜보고 계신 분들에게 물었다.

"선생님은 영안실에 계십니다. 보호자와 늦게 연락이 되어 도착하면 얼굴 보고 이송할 겁니다."

'어떡해. 선생님, 어떡해!'

눈앞이 캄캄했다. 이번 교육관련 기관장, 교육이사, 같은 일을 하는 선생님, 남편의 얼굴이 차례로 떠올랐다.

'내가 살아있기는 한가 보구나. 희미하게나마 사람 얼굴이 구별되는 걸 보니…'

나는 아무 말도 못 한 채 얇은 이불을 뒤집어쓰고 울었다. 그날은 2019년 11월 25일이었다.

사고는 예고 없이 찾아온다

2019년 11월 25일 08시. '펑!' 하는 소리와 함께 내 삶은 '정지' 되었다. 나는 그렇게 큰 교통사고를 당했는데도 팔다리가 부러지지 않은 게 신기했다. 마치 누군가의 도움을 받기라도 한 듯 의식이 있었다. 차라리 부러지거나 절단이라도 되었더라면 선생님과 유가족들에게 덜 미안했을지 모르겠다. 나는 우측 뇌의 깊은 타박 충격과 척추 2번, 4번 압박골절에 얼굴은 파열로 꿰매고, 갈비뼈 충격으로 숨을 제대로 쉬지 못한 채 이상한 괴물이 되어 누워 있었다. 의료진의 처방과 구급요원들의 손에 몸을 맡기는 일 외에는 스스로 할 수 있는 게 아무것도 없었다.

병원에 옮겨진 내 몸에는 곧 주렁주렁 링거바늘이 꽂혔다. 의사들은 근육이완제, 통증완화제, 신경안정제, 항생제, 염수분 등 여러 관을 꽂아서 몸 안으로 무언가를 들어부었다. 침상에 와상환자로 묶인 채 시간이 멈춘 듯했다. 마치 감옥에 갇힌 죄수와 같았다. 시간이 어떻게 흐르는지도 모른 채 사고의 충격과 몸의 통증 속에서 하루하루를 때우고 버텼다. 내가 선택할 수 있는 것은 아무것도 없었다. 오른쪽 귀를 중심으로 충격이 있었던 것인지 피가 멈춘 듯 멍한 통증이 머리에 계속 머물렀다. 바로 누워도 아프고, 옆으로도 맘대로 누울 수 없는 몸이 되어버렸다. 척추의 통증과 두통은 생각보다 고통스러웠다. 의료진은 보호자인 남편에게 어디서 입원 치료를 할 건지 물었다. 남편은 집 근처에서 치료해야 수발이 가능할 것 같다고 했다. 그날 늦은 시간에 내 몸은 구급차에 실려 서울 집 근처 '○○병원'으로 이송되었고, 그렇게 입원 치료가 시작되었다.

조수석에 앉았던 선생님은 가시고 입원 치료 중인 나는 장례식장에도 못 가고 병원에 와상환자로 누워서 지냈다. 시간이 흘러도 이 현실을 어떻게 받아들여야 할지 여전히 참담하고 힘들었다. 머릿속은 좀처럼 정리되지 않는데, 입원실은 사람들의 사는 얘기들로 어수선했다. 사람 수만큼의 그들 인생스토리가 내 귀를 타고 흘러들어 왔다.

현재는 인지력이 없는 치매 할머니는 그저 식사 때가 되면 식사를 하고 또 눕고를 반복하신다. 식사 때 큰일을 보면 온 방이 냄새로 가득하고, 커튼 뒤쪽에서는 들릴 듯 말 듯 투덜대는 소리가 들려온다. 일찍 당뇨에 걸린 젊은 청년은 좌골 쪽에 욕창이 생겨 뼈가 보일 정도로 곪아가고 있는데, 수술조차 할 수 없을 만큼 당 수치가 높단다. 그렇게 야식을 먹지 말라는 의사 선생님의 충고를 무시하고 밤이면 과자며 빵이며 야식을 즐기는 젊은 아가씨, 중국에서 명문 고등학교를 나오고 3남 2녀의 다복한 자녀와 부유하게 살았던 간병사의 이야기, 간병을 하면서 햇반에 반찬 한 가지로 허기만 때우며 하루에 13만 원씩 벌어서 중국 가족들에게 보내는 간병사의 전화통화 소리, 자녀들도 다 전문가로 잘 키워서 부동산, 현금이 쌓여 있는 뇌출혈 환자… 또 50대 중반의 환자는 외국 여행 갔다가 몸에 이상 신호를 느끼고 빨리 귀국하여 치료를 받으러 달려왔으나 왼쪽 팔과 오른쪽 다리가 약간 뒤틀려서 바르게 걷는 데 어려움이 있단다. 남편 생전에 공주처럼 보호받으며, 골프에 외국 여행에 부족함 없이 잘 지내던 할머니가 돌연 뇌졸중으로 하반신불수에 언어까지 어눌해져서 3년 넘게 한 자리에 누워 있다는 이야기….

가만히 누워 내 뜻과 내 의지와는 상관없이 이야기들을 들어야 했고 그 인생들에 가여워하다가 나 자신을 보았다. 아무런 예고장 하나 없었던 사고. 하루아침에 누군가의 도움을 받지 않으면 몸 하나 가눌 수도 없게 된 나를 보니 서러움이 목까지 차올랐다. 충격을 받은 몸과 마음은 불안을 가중시켰다. 잠도 오지 않았다. 며칠이고 불면의 밤을 보냈다. 약을 써도 효과가 없는 듯했다. 불안과 불면으로 몸과 마음이 더욱 예민해졌다. 이러다가 죽을 것만 같았다. 하루하루가 공포였다.

이제 내 삶은 병원에 저당 잡혀버렸다. 11월~12월 빼곡한 일정이 다 무너졌다. 마음이 무너졌다. 뇌는 멈춘 듯했다. 아프고 고통뿐인 상처로 생각의 꼬리를 물고 이어갔다. 몸부림쳤다. 몸을 휘감는 부정적인 생각들로 계속 눈물만 흘렸다. 언제까지 치료를 받아야 하는지 슬프고 암담했다. 나는 현실을 부정했다. 불안은 불도저처럼 밀고 들이닥쳤다.

'척추를 제대로 못 쓰면 어떡하지.' 걱정에 떨었다.

내 차에서 잠자듯 누워계시던 선생님 얼굴이 환영으로 떠올랐다. 미안하고 무서웠다.

'영영 이대로 사고 트라우마에 갇혀 살게 되면 어떡하지.' 불안은 꼬리를 물고 또 물었다. 며칠 밤을 울며 지내는 동안 '내가 이러다가 죽겠구나.' 싶었다. 또 그러다 '정신을 차려야지. 남은 자의 몫을 다 하려면 살아서 일어나야지.' 하는 생각이 번쩍 들기도 했다.

미셸 푸코M. Foucault는 병원을 "새로운 수용소의 탄생"이라고 했다. 병원 창문에는 쇠창살과 빗장도 없지만 통제된 감정에서 힘들게 보낸다는 것이다. 나 역시 모든 제약 속에서 하루를 힘들게 보내었다. 특히 트라우마 증후로 공포감에 휩싸여 내 몸과 마음이 꽁꽁 묶여 있는 듯했다. 갑자기 넓은 초원에 피어있는 꽃들이 보이더니 슬픔과 근심만 가득한 병실 이미지가 오버랩되었다가 사라지는 장면이 반복되면서 머리는 명해졌다. 나 스스로 폐허가 되어가고 있다는 생각이 들면서 모든 것이 비현실적으로 다가오기도 했다.

난 왜 남겨졌을까

서럽게 울다가 문득, 먼저 가신 선생님의 가족들이 떠올랐다. 사고 하루 전날 "잘 다녀오겠습니다." 인사하고 떠났는데 갑자기 이별 준비도 없이 가신 선생님. 남겨진 가족들은 얼마나 참담하고 아플까?

사고 전날 선생님은 딸 이야기를 했다. 딸이 동영상을 보내왔다면서 외손녀의 재롱을 보여주셨다. 얼마나 기뻐하셨던지 그 모습이 생생하다. 사고 당일 아침에는 딸이 손수 챙겨준 야채를 같이 먹었다. 그 장면이 계속 떠오르고 떠올랐다. 하루아침에 삶과 죽음으로 갈라진 현실 앞에 나는 계속 신음할 수밖에 없었다.

간수치는 올라가고 여전히 잠은 못 자고 각성상태로 정신과 몸이 분리된 느낌으로 살았다. 고통이 심할수록 선생님의 유가족이 눈앞에 떠올랐다. 나는 왜 남겨졌나. 이렇게 살아서 무얼 하나? 남겨진 나는 어떻게 살아야 하나…. 동시에 이런 생각이 드는 것이다.

삶은 무엇이고, 죽음이란 무엇인가.
나에게 남아 있는 삶이 있다면 어떻게 살 것인가.
건강했을 때 단 한 번도 떠오르지 않았던 질문들이,
몸이 정지되고 삶이 정지된 지금에 와서야 비로소
불쑥불쑥 올라오기 시작했다.

'지금 내가 이럴 때가 아니구나. 유가족과 마음을 함께할 수 있다면 내 아픔쯤이야 더 감내해야겠다.'

그 생각 이후 나는 가능한 한 내 아픔은 마음 깊은 곳으로 감추었다. 가슴에 손만 얹어도 자지러지게 아팠지만, 그 통증을 안으로 삭였다. 나의 감정은 나중에 꺼내서 달래주기로 한 채. 몸이 아프다고 소리쳐도 잠시 뒤로 숨겨 뒀다. 그래야만 조금이나마 마음의 빚을 갚는 것 같았다.

움직임을 최소화한 채 병원을 오가면서 그 전에 해오던 어떤 것도 못 하게 되었다. '삶이 정지된다는 게 이런 거였구나.' 싶었다. 그렇다. 내 삶은 정지되었다. 단 한 번도 이런 삶을 생각해본 적 없었다. 내가 긍정적인 사람이어서가 아니라 누구에게나 일어날 법한 사고도 아닌 이렇게 큰 사고가, 불현듯 들이닥치리라 잠깐도 상상해본 적 없었다. 나는 남겨졌다. 그리고 남겨진 내가 앞으로 어떻게 해야 할지 나는 생각해내야만 했다.

그렇게 난 '내가 다시 몸이 건강하게 회복된다면 어떤 삶을 살 것인가. 내가 다시 정신이 온전히 돌아온다면 담담히 유가족을 만날 수 있을 것인가.' 시시각각 생각했다.

그리고 그동안 '나'의 것이라고 차마 생각지 못했던 삶과 죽음에 대해 생각했다. 삶은 무엇이고, 죽음이란 무엇인가. 나에게 남아 있는 삶이 있다면 어떻게 살 것인가. 건강했을 때 단 한 번도 떠오르지 않았던 질문들이, 몸이 정지되고 삶이 정지된 지금에 와서야 비로소 불쑥불쑥 올라오기 시작했다. 그렇게 그날의 사고는 내 삶의 모든 부분을 정지시켰고, 이전과는 다른 관점으로 삶을 바라보게 했다.

2장

몸은 생각의 속도를 따라
열심히 달린다

아주 잠깐이라도 시간을 내어 자전거를 타고 한강 난지공원
까지 신나게 페달을 밟고 달릴 때면 '이렇게 좋은 게 또 있을
까' 생각도 했다. 그러나 그 시간도 잠시, 나는 일상으로 돌아
와 다시 나를 채근했다. 다음 날, 그다음 날 해야 할 일들이
자전거 페달뿐만 아니라 몸의 페달을 재빠르게 밟게 했다.

내 몸은 어떤 소리를 따라 살았던 걸까

나는 어려서부터 열심히 살아야 한다는 말을 수없이 듣고 살았다. 듣고 자란 말처럼 어떤 일이든 맡겨지면 몰입해서 열정적으로 했다. 태생적·환경적인 결핍들을 딛고 일어나 크고 작은 성취감들을 맛보며 성장했다. 나는 이 변화에 자부심을 갖고 당당하게 살았다. 그러나 생각은 나에게 '더 빠르게 살라'며 채근했다. 내면 깊숙한 곳에서는 더욱 알 수 없는 목마름이 생겼다. 열심히 사는 것과 느리게 사는 것은 어떤 차이가 있었던 걸까. 뭐가 되었든 분명 행복하게 살기 위한 걸음이었을 텐데. 나를 이토록 분주하게 뛰어다니게 했던 건 무엇이었을까. 물질적 욕망, 세상의 명예, 내 안의 갈증….

2019년은 그 어느 때보다도 더 일에 쫓겨 살았다. 일주일 내내 빽빽한 일정표도 모자라서 일요일에도 '○○ 연구 모임'을 하였다. 이 연구에 함께한 사람은 다섯 사람이었다. 우리는 연구 주제가 주어지면, 만나서 개인 연구 자료를 바탕으로 토론을 했다. 나는 늘 시간에 쫓겨 충분한 준비를 못 할 때가 많았다. 그때마다 마음이 불편했다. 토론 과정에서 디테일한 질문에 대해 논리적 근거와 주장을 명확히 펼치지 못하기도 했다. 그럴 때면 특별히 누가 뭐라고 하지도 않는데 스스로 자책하며 불안감에 휩싸였다. 몸은 여기 있는데 생각은 앞으로만 나아간 채 쫓고 쫓기는 형국이 되었다.

월요일부터 지방 강의가 있는 날은 더욱 불안했다. 공교롭게도 'OO 연구'가 있는 다음날인 월요일마다 대부분 지방 강의가 있었다. 우리의 연구는 일요일 오후 2시부터 6시까지 계속되었다. 나는 저녁을 먹는 둥 마는 둥 헉헉대며 곧바로 지방으로 갈 때가 많았다. 월요일 아침부터 시간에 쫓기면 안 되겠다는 생각에 하루 전에 미리 출발했다. 무엇을 향해 그리 달려가는지도 모른 채, 몸은 그저 생각의 하인이 되어 말없이 끌려다녔다.

생각 속에는 휴식이라는 단어가 없었다. 생각이 몸을 지배하여 몸도 휴식과 상관이 없었다. 소파에 몸을 늘어뜨리고 누워 드라마 한 편을 제대로 본 적이 없었다. 아줌마들이 즐겨본다는 드라마 이야기에 나는 끼어본 적이 없었다. 영화를 본 적이 언제인지도 모른 채 그냥 연구와 일만 반복했다. 아침밥은 계란 두 개, 사과 반쪽, 단백질 200ml가 다였다. 점심은 매식, 저녁은 간단히 아무거나 한 그릇 밥으로 때우고 다시 컴퓨터 앞에 앉는다. 낮의 피로가 여기저기서 아우성을 치는데도 생각은 여전히 일해야 한다고 말했다. 그렇게 거의 매일, 내 취침시간은 거의 새벽 2시였다. 그렇게 눕고 싶었던 포근한 침대를 계속 밀어내고 또 다른 일정을 위한 일을 하는데도 일은 끝이 나지 않았다. 무거운 마음으로 잠자리에 드니, 당연히 양질의 수면을 취할 수가 없었다.

그랬던 내가 사고로 인해 밤낮 침대에만 누워 있으니 낯설고 이상했다. 퇴원 후 5개월이 지났지만 나는 여전히 힘들었다. 치료와 휴식 외엔 아무것도 하지 않았으나 내분비계 불균형으로 몸에 또 다른 문제가 생기기 시작한 것 같았다.

한 번도 듣지 못한 소리가 들리기 시작했다. 생각의 소리와 속도에 따라 끌려다녔던 내 몸이, 생각에게 말을 걸기 시작했다. 몸은 곳곳에서 "위험하다."라고 소리치고 있었다. 그리고 생각했다. 조금도 쉴 틈을 주지 않는 내 생각들은 대체 어디로부터 온 것인가. 조금의 반항도 하지 못한 채 끌려왔던 내 몸에게 이토록 가혹한 명령을 내린 내 생각들은 무엇으로부터 만들어진 것인가. 나는 그제야 과거속으로 나를 찾아 들어가기 시작했다.

지금 내 생각의 욕망은 어디로 향하고 있는가

어릴 적 내 아버지는 많이 아프셨다. 십이지장이 부어있어서 그 통증으로 일상생활이 힘드셨는데, 병원은 다니셨으나 잘 낫지 않았다. 아버지의 통증은 온 가족을 긴장하게 했다. 엄마가 생계를 잇고 내가 집안 살림을 하느라 친구들이랑 잘 놀지 못했다. 놀이에 대한 나의 결핍은 어른이 되면서 엉뚱한 모습으로 튀어나오게 했다. '열심히 일한 후에 놀 거야!'라는 생각은 내 몸에 한 몸처럼 엄습해 있었다. 먼 훗날 어느 날 놀기 위해서 행동은 끊임없이 공부하게 했다.

내가 경제활동을 하게 되면서 억압되어 있던 욕구들이 한 번에 쏟아져 나왔다. 그 분출은 '열정'이었다. 나는 일하는 것뿐만 아니라 책을 사서 모으는 것도 열정적으로 했다. 새로 나온 책 광고를 보면 어떤 책인지 대충 목차와 책 소개를 보고 쉽게 책을 샀다. 집은 좁은데 책더미에 점점 사람이 앉을 자리마저 없어지고 있었다. 읽은 책은 추려서 나누려고 해도 늘 시간에 쫓겨서 정리를 못 하고 살았다.

옷도 마찬가지였다. 옷장을 열면 옷이 쫙 걸려 있는데 당장 입을 옷이 없었다. 디자인, 소재, 색깔이 서로 잘 어울리는 옷을 고를 수가 없는 것이다. 강의할 때 입는 옷, 상담할 때 입는 옷, 일상복, 여행복 등 옷이 너무 많아서 제대로 찾을 수도 없다. 그러니 가진 것들이 이렇게 많은데도 또 산다. 나의 결핍은 물건을 사는 열정으로 보상을 주고 있었다. 이러한 열정은 곧 번아웃 되었고, 허탈해졌다.

마음이 허탈할 때면 우울감이 몰려오고 답답해졌다. 마음이 답답할 때면 몸도 찌뿌둥했다. 아주 잠깐이라도 시간을 내어 자전거를 타고 한강 난지공원까지 신나게 페달을 밟고 달릴 때면 '이렇게 좋은 게 또 있을까' 생각도 했다. 자동차를 타고 다닐 때는 보이지 않았던 것들이 보이고, 바람이 얼굴을 만지며 스치는 싱그러운 느낌을 오롯이 느끼기도 했다. 홍제천 물 위를 노니는 오리 가족도 보이고, 유모차를 탄 아기도 보이고, 강아지도 보이고, 들꽃도 보였다. 그러나 그 시간도 잠시, 나는 일상으로 돌아와 다시 나를 채근했다. 다음 날, 그다음 날 해야 할 일들이 자전거 페달뿐만 아니라 몸의 페달을 재빠르게 밟게 했다.

나는 그동안 한 분야를 깊이 공부하기보다 유아교육, 교육학, 사회복지학, 심리상담 등 여러 분야 공부를 해왔다. '생각'이 문제를 해석하는 데 어떤 영향을 주는지, 해석이 행동과 어떻게 연결되는지 등 '생각'에 대해선 충분히 공부하여 이해하고 있다고 생각했다. 하지만 이러한 머릿속 지식과 나의 일상은 공부 따로, 일상 따로 이분

지금 내가 행동하고 있는 것은
과연 내가 그토록 바라고 원하던 길인가.
매 순간 선택의 기로에 섰을 때 나의 생각은 어떤 쪽을 선택했던가.
매 순간, 내 생각의 욕망은 어디로 향하고 있었던 걸까.

화되어 있었다.

그러지 않았다면 내 몸이 이렇게 공격적인 과잉 열정으로 달릴 수 있었을까. 아마 달아나는 내 생각의 속도를 따라 살지는 않았을 것이다. 아니, 내 생각을 늦추고 재정비했을 것이다. 우리는 모두 생각의 속도를 따라 달린다. 우리는 대부분 의식적이든 무의식적이든 우리의 생각이 규정짓는 속도로 달리고 있다. 몸을 혹사하면서까지 일 속에 파묻혀 앞만 보며 달려가는 사람들은 대부분 자신의 '생각'이 어디로 향하고 있는지 점검하지 못한 채 끌려다닌다.

더 이상 몸이 생각의 속도를 따라갈 수 없게 되었을 때. 나는 그제야 나의 '생각'에 대해 점검해보게 됐다. 지금 내가 행동하고 있는 것은 과연 내가 그토록 바라고 원하던 길인가. 매 순간 선택의 기로에 섰을 때 나의 생각은 어떤 쪽을 선택했던가. 매 순간, 내 생각의 욕망은 어디로 향하고 있었던 걸까.

나는 더 이상 '앞만 보며' 가지 못하는 생각의 정지 상태에서 모든 것을 다시 보게 되었다. 그리고 깨달았다. 내 몸이 얼마나 힘겨웠는지. 끝을 알 수 없을 정도로 거침없는 생각의 속도 앞에서 도저히 더는 갈 수 없노라 '번아웃'을 외쳤던 그 순간들을, 내가 얼마나 매몰차게 외면했는지를. 그때마다 내 몸이 얼마나 아팠는지를.

결핍을 안고 피곤한 인생 경주마로 달렸던 나

"자신을 돌보는 일에 소홀하지 말기를."

가토 다이조의 《나는 내가 아픈 줄도 모르고》에 나오는 이야기다. 인생에 대한 불안에 사로잡힌 사람은 자신의 위치를 제대로 이해하지 못하는 경우가 있다. 나는 흙수저로 태어나 열등감에 사로잡혀 살아왔다. 열등감은 두 가지 삶의 방식을 제공했다. 하나는 '척'하는 삶이고, 또 다른 하나는 내 성장과 변화의 디딤돌로 삼은 삶이다. 여기서 이야기하려는 것은 '척'하는 삶에 대한 이야기다.

누구나 자신에게 어울리는 삶이 있다. 그 결과 현재의 '나'가 존재하는 것이다. 그런 자신의 위치를 올바르게 이해하지 못하면 불안에 사로잡혀 지내게 된다. 불안은 시기와 질투로 나타나기도 한다. 나는 내 위치와 상관없이 그 누구 못지않은 그럴듯한 인생을 살고 싶은 욕심이 컸다. 그래서 할 수 없는 일을 하려고 애쓰다가 필요 이상으로 에너지를 소진할 때가 많았다. 한 번뿐인 인생인데 내 인생도 최고로 살고, 자녀교육도 최선으로 하고 싶었다. 예를 들면, IMF 이후 가정에 경제적 위협이 닥쳤는데도 계속 공부를 한다든지, 취미로 그림을 그린다든지, 자녀들에게 전시회나 음악회를 데리고 다닌다든지… 하는 식으로 코앞에 놓인 현실적 문제를 직면하고 해결하기보다 '괜찮은 척' '아무렇지도 않은 척' 살았다. 딸에게는 미술대학 준비를, 아들에게는 의대 준비를 밀어붙였고, 입시를 위한 뒷바라지에도 '최고인 척'으로 행동했다. '척'하고 살고자 하니 조기 퇴직을 한 남편까지 원망스러웠다. '척'하는 삶에서 벗어나지 못해 점점 마음은 불안해졌고 몸은 더욱 피곤해졌다.

이런 상황 속에서도 건강에 대해서는 자신하며 살았다. 하지만 사고로 인해 삶의 균형이 깨지면서 가장 먼저 타격을 받은 것은 몸이었다. 삶 전체가 흔들렸다. 뒤를 돌아보니 후회스러웠다. 고군분투하며 살았던 삶이 허망했다. 잃어버린 것들을 다시 찾기를 간절히 원했다. 하지만 발버둥 칠수록 점점 더 힘만 빠졌다.

어느 해인가 교정의 날에 교도소 안을 견학한 적이 있다. 대부분 수형자들은 법의 최종 심판에 대해 인정할 수 없고 억울하다는 호소를 많이 한다. 갇혀 있다는 현실에 분노하며 수형 생활이 시작된다. 그들은 발악하며 울부짖다가 온몸에 힘이 다 빠질 때쯤이면 자신을 볼 수 있는 상태가 된다. 그러면 마음으로 한 계단씩 환경에 적응해 간다. 물론 죄에 대한 심판을 인정해서가 아니다. 이곳에서는 아무리 소리쳐 봐도 듣는 사람 없고, 어찌해도 소용이 없음을 알았기 때문이다. 나도 수형자들과 같았다. 그렇게 챙기던 몸이 부서진 것에 대해 인정하지 못하고 고개를 흔들었지만, 현실이라는 것을 보게 되는 순간 의미 없는 몸부림을 멈추었다. 내 힘이 다 빠질 때 비로소 보이는 것은 '생명'이었다.

덜컥 몸이 아프니 그렇게 열심히 시간관리 하면서 살았던 내 삶은 정작 돌아볼 여력이 없었다. 사회구성원으로, '척'하는 삶을 지탱하기 위한 몸부림은 내 몸을 혹사시켰다. 몸은 생명과 밀접한 관계 안에 있다. 몸을 관리한다는 것은 생명을 잘 관리하고 지켜나가는 것이다.

내 욕망은 내 생명을 지키지 못했다.

나는 다양한 경험을 원했다. 그러나 쉽게 그런 환경이 주어지지 않았다. 언제부터인지 기억은 나지 않지만 내가 바라는 성장을 위해 도울 사람이 없다고 생각했다. 괴롭고 힘든 열등감을 극복하기 위해 내 몸을 부지런히 움직일 수밖에 없었다. 그렇게 긴장 상태가 길어질 때면 소화가 안 되고, 잘 체하기도 했다. 이 사회의 구성원으로서 함께 살아가려면 적어도 내게는 이렇게 해야만 한다고, 나를 틀 속에 접어 넣었다. 욕망에서 뒤처질 때면 열등감이 너무 심해져서 미래의 삶을 제대로 준비할 수 없으리라는 긴장과 공포가 밀려왔다. 내적·외적 보상을 기대하는 노력을 하면서도 위험을 느꼈다. 단순한 보상, 작은 성취에 만족하지 못했다. 더 많은 보상을 목표로 뛰게 했다. 권력과 우월을 추구하려는 노력이 외적으로 과장되기도 했다.

삶은 이루지 못한 기대치에 더욱 갈증이 났다. 남보다 높은 목표를 세웠다. 마음은 조급해졌다. 나의 존재가 살아 있음을 증명이라도 하듯 행동하고 초라한 가족들을 비난했다. 그로 인해 나를 방어하기 위한 합리화도 덩달아 잦아졌다.

그러다가 환경에 변화가 생기면 내게 유리한 쪽으로 해석하곤 했다. 새로운 환경 속에서 끊임없이 목표를 세우고 이를 이루어내기 위해 전략을 짜고 행동을 했다. 아들러에 의하면 이러한 생존을 위한 감정들은 열등감, 불안, 불충분함에서 비롯된다고 한다. 바로 나의 삶이었다. 나는 이런 감정들에 의해 삶의 분명한 목표를 세웠다. 부모님, 선생님, 중요한 사람의 관심·주의를 끌기 위해 성실하고 부지런한 아이가 되었다.

아들러는 "우위를 차지하고 싶어 하는 목표를 갖게 된다는 것은 열등감을 느끼면서 발달하는 인정의 욕구에서 출발한다."라고 했다. 목표는 그것을 달성했을 때 성취감·우월감을 안겨주었다. 삶을 살아갈 만한 가치가 있는 것으로 여기게 해줬다. 목표는 나의 감정에 가치를 부여했다. 나의 지각을 조정하고 다시 목표를 잡을 때도 영향을 미쳤다. 나는 모든 선택 앞에서 목표를 생각했다. 목표는 나의 상상력을 지휘해 내가 무엇을 기억하고 무엇을 잊어버려야 할지 결정하는 데 중요한 역할을 했다. 나아가 사물에 대한 인식도 나만의 비밀스러운 의도에 따라 언제나 선택적으로 이루어졌다. 상상력도 절대적 가치를 가진 것이 아니라 이 목표에 영향을 받았다.

사람들은 나에게 "체력이 좋다" "열정적이다"라고 했지만 나를 지탱한 건 그저 강단이었다. 잦은 위장장애와 불안한 체력의 징후들을 외면하면서 살아가고 있었다. 사고는 결정타였을 뿐 나는 이미 무너지고 있었다. 면역력은 바닥으로 떨어져 있었고, 이미 몸은 쉼이 필요하다고 끊임없이 신호를 보내고 있었다. 그러나 그 신호를 무시했던 난, 결국 몸이 나를 수형자로 만들어 병원에 눕혔을 때 비로소 몸에 대한 생각의 전환점을 맞이했다. 늦었지만 그건 내 삶의 새로운 시작이었다.

3장

내 몸은 괜찮지 않다

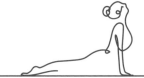

나도 수형자들과 같았다. 그렇게 챙기던 몸이 부서진 것에
대해 인정하지 못하고 고개를 흔들었지만, 현실이라는 것을
보게 되는 순간 의미 없는 몸부림을 멈추었다. 내 힘이 다 빠
질 때 비로소 보이는 것은 '생명'이었다.

이제는 내 몸을 진실되게 마주하고 싶다

내 몸에게 진실한 사과를 한다.

"미안해."

"그래도 아파줘서 고마워."

몸이 말을 걸어올 때는 그냥 지나치면 안 된다. 괜찮으리라 생각하며 몸을 혹사시키면 언젠가 몸이 그 결과를 말해준다. 버티고 버티다가 어느 한순간 무너져버리는 게 몸이다.

나는 병동 생활을 하며 불면으로 고통을 받았다. 매일 저녁 수면제를 먹어도 단 두 시간 잠이 고작이었다. 잠을 자려고 낮 동안 복도를 어기적거리며 걸었다. '몸을 피곤하게 하면 잠이 오려나.' 하는 생각에서. 척추골절보다 더 무서운 게 불면증과 싸우는 일이었다. 나의 불면은 척추 압박골절과 정신적 충격에서 비롯되고 있었다.

척추골절에서 회복되려면 시간이 지나야 하는데 입원 기간이 길어질수록 내 몸속에서 무엇인가 잘못되어가는 듯한 두려움이 엄습해왔다. 잠이 얼핏 들었다가 카톡 소리에 소스라치듯 놀라고, 다른 환자가 화장실 가는 소리에도 번쩍 잠이 깨곤 했다. 내 몸을 이루고 있는 신체적·정신적 조직체계에 대한 불안함으로 더 잠이 오지 않았다. 체계를 탄탄하게 지탱하는 우리 몸의 조직은 매우 중요하다. 이 조직을 이루고 있는 주된 장기는 '근육'이다. 근육은 우리가 살아 있음을 가장 쉽게 느끼게 해준다. 살아 있는지에 대한 판단은 몸이 움직이는지, 심장이 뛰는지, 숨을 쉬는지 살펴봄으로써 알 수 있다. 그런데 척추골절 때문에 이 조직이 무너지고 있었고, 나는 거기에 대한 불안감으로 불면증을 앓고 있었다.

더는 이대로 있을 수 없어 방법을 찾아야 했다. 우선, 정신적 충격에서 벗어나기 위해 의사 선생님의 지시에 따랐다. 일명 '심상치료'에 임하는 것. 심상치료는 우리 마음의 구조 및 내용 등을 체험적 심상을 통하여 분석하고 재구성하는 치료 방법이다. 나는 주사를 무서워한다. 평소에 감기에 걸려 병원을 가도 극구 주사는 맞지 않았다. 그런 내가 심상치료를 하며 아픈 약침을 맞고 기다리기를 했다. 기다리는 동안 눈을 감고 들숨 날숨을 깊게 호흡했다. 상상으로 산 정상을 오르고 내리듯 마음으로 등반을 그려보며 천천히 반복하는 훈련을 한 것이다.

나는 조금씩 내 몸에 귀를 기울이기 시작했다. 난 열심이었던 내 삶에서 조금 떨어져 앉았다. 그리고 생명의 본질에 대해 생각하는 고요한 시간과 마주했다. 지금까지 살고자 노력했던 나, 그 껍질을 한 겹 한 겹 벗겨나갔다.

지독한 고통 속에서 비로소, 살아가면서 가장 중요한 것은 '건강한 몸'이라는 사실을 깨닫고 있었다. '조금 부족해도 괜찮아, 조금 늦어도 괜찮아, 지금부터라도 몸을 챙겨야 해. 그게 가장 현명한 일이야.' 내 안의 내가 이야기하고 있었다.

몸이 건강해지면 삶도 건강해진다. 한번 아파본 사람은 몸의 느낌에 빠르게 반응한다. 몸을 더욱 민감하게 살피고, 신체적 한계를 마주하면서 하나하나 욕심을 내려놓게 된다.

이를테면 운전 같은 것. 한동안 아픈 몸 때문에 아무 일도 못 한 채 집에서 쉬다 보니 사회와 점점 멀어져가는 것만 같아서 괴로웠다. 신체적 한계뿐만 아니라 움직이는 수단에 변화가 더 큰 답답함이 삶을 덮쳐 왔다. 사고 때 차량이 폐차된 이후 밖에 외출하는 것이 정말 힘들었다. 몸의 한계가 마음의 한계를 점점 잠식해왔다. 하지만 빠르고 편리한 이동수단에 대한 욕심을 내려놓고, 현관문을 열고 나섰다. 아파트 뒤로 마을길을 어슬렁거리며 걸었다. 마을 이름은 '논골 마을'이었다. 약간 언덕길을 천천히 걸었다. 처음 걸어보는 길이었다. 마당이 있는 집이 눈에 들어왔다. 정원사의 마음으로 다듬어진 수형들도 눈에 들어왔다.

다시 발걸음을 떼어 골목길 대문에 새긴 주소를 보면서 천천히 걸었다. 아주 오래된 마을 같았다. 최근에 주인이 바뀌었는지 멋진 현대식 갤러리 같은 건물이 띄엄띄엄 눈에 보였다. 뒤로는 백련산,

지독한 고통 속에서 비로소,
살아가면서 가장 중요한 것은
'건강한 몸'이라는 사실을 깨닫고 있었다.

앞으로는 홍제천이 흐르는 배산임수의 터에 근사하게 단장되어 있었다. 어느새 마을 맨 위쪽에 있는 공원까지 올라갔다. 백련산 언저리에 오밀조밀 앉아 있는 빌라와 한옥들이 나의 불안감을 조금씩 이완시켰다. 처음 만나는 나무에도 눈을 마주쳤다. 작은 풀에도 눈길이 머물렀다. 그들이 살아남는 삶이 보였다. 이전에는 나에게 조금이라도 느슨해지면 '게으름은 악이야, 이 순간을 최선을 다해 살아야지 않겠어?'라고 계속 행동을 다그쳤는데, 자연 앞에 있으니 갑자기 눈물이 핑 돌았다. 그리고 그동안 쉽게 말을 건네지 않았는데, 묵묵히 나를 지켜주었던 몸에게 미안한 마음이 들었다. 오늘도 변함없이 그 자리에서 자신을 지켜내는 자연으로부터 배우고 있었다.

나는 내 몸을 돌보는 일에 소홀하지 않아야 할 수십 가지 이유를 발견하고 있었다. 그리고 자주 지나온 날, 지금 이 순간 내 앞에 보이는 것들, 그리고 앞으로 어떻게 살아야 할지 예측하는 그림을 펼쳐보았다. 분명 나는 어제와 같은 모습 같으나 천천히 변화하고 있었다. '어제와 다른 삶을 살려면 목표와 계획대로 움직여야만 한다.'는 신념체계가 깨지기 시작했다. 내 마음이 1도 바뀌니 지금 내 앞에 펼쳐지는 세계가 새로운 하루를 만들어나가는 느낌이었다. 내 몸을 믿고 인생의 목표와 전략에 따라 빈틈없이 행동했던 나에게 엄청난 변화가 시작되고 있었다.

통증이 말을 걸어오다

　퇴원 후에 정기적인 통원치료를 했다. 심장내과, 순환기 내과, 신경정신과, 출석부에 도장 찍듯 다녔다. 차를 타지 않고 거의 걸어 다녔다. 한동안은 집에서 자가 요양을 했지만 내 몸의 내부 상황이 불안했다. 면역은 떨어져 있고 감염에 대한 두려움이 있었지만, 조심스럽게 예약된 날짜에 병원을 방문했다. 오전 8시에 채혈을 마치고 2층 순환기 내과 진료실로 들어갔다. 차트를 한참 보면서 "골다공증, 콜레스테롤, 고혈압, 중성지방 등 내분비계 이상으로 당분간 약물과 함께 치료 경과를 살펴봐야겠습니다."라고 의사가 말했다. '이럴 수가…. 이렇게 망가진 몸을 마주하다니…. 어깨에 힘이 빠졌다. 슬픔이 밀려왔다. 우울감이 몸을 휘감고 흔들었다. 무너진 몸을 다시 세울 수 있을지 암담했다. 병동 진료실 앞 복도는 수많은 사람들로 북적거렸다. 사람들은 무표정한 얼굴이었고, 대개 60~70대 환자들이었다. 우리나라 노인 89.2%가 만성질환이 있고, 1인당 평균

2.6개의 질병이 있다고 한다.

강북삼성병원 문을 나서며 서울시 교육청 앞길 쪽으로 천천히 걸었다. 초여름 하늘은 하얀 구름이 수놓은 맑은 하늘이었다. 발걸음이 멈춘 곳은 꽃집 앞이었다. 야외테이블이 있는 화원 카페였다. 앞마당에는 들꽃이 이름표를 달고 바람에 한들거리고 있다. 빈속인데 커피 한 잔을 샀다. 잠시 야외테이블에 앉아서 멍하니 꽃을 바라보았다. 커피향이 코끝을 타고 몸속으로 들어왔다.

'망가진 몸에도 다시 건강이 찾아올까?'

생각에 잠겼다. 한참 바람과 새들의 노랫소리를 듣고 있노라니 마음이 좀 가벼워졌다. 길 건너 작은 동산으로 어슬렁거리며 올랐다. 조용한 동산에 돌로 조각된 의자들이 나를 위해 준비된 듯 반겼다. 6월의 따사로운 햇살을 받으며 눈을 감고 새들의 노래에 화답하듯 나도 흥얼거렸다. 우울했던 마음을 돌의자와 나무, 꽃, 새들이 토닥여줘서인지 마음에 날개가 달린 듯했다. 긴 돌의자에서 일어나 영천시장까지 걸었다.

사고 2주년이 지나면서 겉모습은 멀쩡하게 다 나은 것처럼 보였지만, "괜찮다."는 거짓말은 몸의 통증으로 금방 들통났다. 만져주면 나을까 싶어 만지려 하면 몸이 금세 아프다고 소리를 쳤다. 처음엔 살짝 쓰다듬기도 힘들어서 조금씩, 천천히 어루만져주기를 시작했다. 그날 이후 하루에도 몇 번씩 몸 상태에 따라 마음은 널뛰기하듯 했다.

에너지가 소진되어버리니 지니고 있는 살림들이 버거워 무료 나눔을 하거나 물건 교환을 했다. 그중 전축을 주고 내게 꼭 필요한 선물을 받았는데, 척추가 아플 때 허리 부근에 넣고 지그시 눌러서 마사지를 하는 나무토막이었다. 처음엔 너무 통증이 심해서 못했는데 고통을 참고 마사지를 했더니 통증이 조금씩 완화되는 듯했다. 조급해하지 말자고 다짐하며 매일 조금씩 시도했다. 이미 몸은 아프다고 소리치는 지경까지 왔으니 약을 발라주고, 달래고, 돌보면서, 사랑해주는 일밖엔 내가 할 수 있는 게 없었다.

통증은 내 몸의 안전에 비상이 걸렸다는 이상 신호다. 몸이 견딜 수 있는 한계치를 넘을 때 나타나는 "아프다."는 외침이다. 신체 부위 중 가장 고통스러운 곳은 척추와 입안이었다. 척추는 움직일 수도 없는 고통이고, 입안의 구순염은 아무것도 먹을 수 없는 고통이라는 점에서다. 감각은 건강에 문제가 발생하면 '아프다'고 소리친다. 우리는 아픈 곳만 집중한다.

그러나 통증의 원인이 무엇인지 그 원인을 따라가 봐야 한다. 나의 경우는 사고 당시의 외상은 다 나아서 흉터만 남아 있지만, 심리적, 신체적 내부 상황은 지탱하고 있던 기둥이 무너진 상태였다. 하나가 무너지니 과부하가 걸린 다른 하나가 소리쳤다. 아프다고…. 이들 모두 몸에 무엇인가 이상이 있으니 그 원인을 찾아서 해결해달라는 몸의 시위였다. 이런 몸의 외침이 있을 때는 문제의 원인을 해결해야 다시 건강한 상태로 되돌아갈 수 있다.

아픈 곳을 마주할 때 비로소 치료가 시작된다

통증이란, 조직 손상과 관련되어 발생하는 불쾌한 감각 또는 고통스러운 느낌이다. 몸에 상처가 나거나 문제가 생겼을 때 말 못 하는 인체의 조직들이 뇌와 몸의 주체(사람)에게 보내는 경고 신호라고 생각하면 된다.

통증은 우리가 원치 않는 불유쾌한 경험이지만, 삶을 유지하는데 없어서는 안 되는 필수적인 감각이다. 배가 아프다는 건 소화기관에 문제가 생겼다는 신호고, 팔다리가 아프다는 것은 그 기관이 쉬고 싶다는 신호다. 만약 이러한 통증이 느껴지지 않는다면 어떻게 될까? 아픈 부위를 느끼지 못해 병은 점점 더 깊어져 목숨까지 잃을 수도 있다.

통증은 몸의 이상 상태를 알려주고, 작은 상처가 더 깊어지지 않도록 경고해주는 일종의 알람 시스템이라고 한다. 그러나 첨단 경보장치라 해도 오작동으로 알람이 울리는 경우가 있다. 또한 통증이 안 느껴진다고 몸의 이상이 사라진 건 아니라는 뜻이다. 우리는 통증을 잊기 위해 진통제를 복용하지만, 그 후 통증이 느껴지지 않는다고 해서 상처가 나은 게 아니다. 진통제는 치료약이 아니니까. 자꾸 상처가 낫지 않고 통증이 지속된다면 근본 원인을 제거하는 것이 우선인데, 계속 진통제를 복용하여 통증 센서의 정상작동을 방해한다면 나중에 더 큰 상처가 생겨도 감지하기가 어렵다. 진통제는 경보장치를 잠깐 꺼두는 것밖엔 되지 않는다.

뼈는 우리 몸을 지탱하고 모양을 유지하는 틀을 만든다. 우리 몸의 뼈를 흔히 고층빌딩의 철근 골조에 비유한다. 철골과 철골을 잇는 콘크리트 벽과 바닥, 벽, 지붕이 건물 내부의 공간을 만들고, 방을 만들어 사람들은 그 안에서 안전하게 살아간다. 뼈도 철골조와 마찬가지로 뼈와 뼈 사이의 공간에 있는 중요한 장기들을 보호한다. 뼈가 부러지면 그 중요한 장기들이 안전에 위험을 느끼고 보호해달라고 소리친다. 이 소리를 듣고도 그냥 지나치면 내부의 균형이 무너지면서 신호를 보낸다. 마치 건물 기둥이 무너지면 건물 전체가 무너지는 것과 비슷하다. 뼈와 직접 연결된 근육과 신경뿐 아니라 뼈와 근육이 보호하는 장기들이나 호르몬에도 손상을 가져온다. 평소에 꾸준한 운동으로 단단하게 만들어 놓은 근력이라도 일주일만 외상환자로 누워 있으면 근육량이 현저하게 소실됨을 알 수 있다. 근육은 우리가 건강하게 살아 있음을 나타내는 바로미터이다. 우리 몸의 뼈대 근육은 몸무게의 약 40% 정도를 차지한다고 하니 근육이야말로 몸의 중요 포인트요, 건강미를 측정하는 매력이다. 특히 근육은 우리가 무엇인가 하고 싶은 마음이 생기도록 힘을 주기도 한다.

사고가 나고 치료가 시작되면서 가장 큰 변화는 내 몸의 뼈와 근육이 보내는 신호에 민감해진 것이다. 너무 고통스러울 때면 진통제를 포기할 수 없었지만, 때때로 정신이 맑아질 때는 진통제 없이 견뎌보고 싶기도 했다. 그저 견디는 게 아니라 내 몸의 통증을 마주하고 귀를 기울여보고 싶은 생각에서였다. 걷잡을 수 없는 통증이 오기 전에 좀 더 귀를 기울였더라면 지금 이런 상태까지 오지 않았을 거라는 후회도 조금은 밀려온다. 하지만 더 늦기 전에 지금이라도 그 일은 시작되어야 하니까. 사고와 치료의 과정을 찬찬히 되짚어보면서 사람들에게 꼭 이야기해주고 싶었다. 절대 내 몸이 보내는 신호를 무시하지 말라고. 바쁘다는 핑계로, 살아내야 한다는 명분으로, 이게 잘 살고 있는 거라는 자기 합리화로… 우리 몸은 그렇게 무너져간다.

가장 중요한 건 몸이 손상되면 몸이 아프다는 사실이다. 몸의 고통은 마음의 병으로 갈 수도 있다. 통증은 몸에 상처가 생겼을 때 말 못 하는 몸을 이루는 조직들이 뇌와 몸에게 보내는 신호이며, 통증은 작은 상처가 더 깊어지지 않도록 치료하라는 메시지다. 더 사랑하며 돌보라고 보내는 경고 시스템이다.

그래서 통증을 느낄 수 있어서 감사함을 느낀다. 살이 썩어들어가도 통증을 느끼지 못한다면 어떻게 되겠는가. 아프면 아픈 곳을 바라보고, 자세히 관찰하는 것. 이 간단한 일이 내 몸과 마음을 살린다.

통증을 느낄 수 있어서 감사함을 느낀다.
살이 썩어들어가도 통증을 느끼지 못한다면 어떻게 되겠는가.
아프면 아픈 곳을 바라보고, 자세히 관찰하는 것.
이 간단한 일이 내 몸과 마음을 살린다.

4장

우울감, 무기력감이
내 몸의 문을 열다

작은 무너짐과 좌절을 용서하는 대신 활력을 되찾기 위한 학습을 포기하지 않겠다는 용기를 가지는 게 중요했다. 나는 내가 앞으로 나아가고 있으며, 더디더라도 일상을 되찾아가고 있음을 믿어야 했다.

왜 코끼리는 도망을 못 갈까

사고 후, 오랜 치료 기간에 마음은 희망과 절망으로 널뛰기를 했다. 문제는 무기력감이었다. 아무것도 할 수 없다는 생각. 실제로 그랬으니까. 어느새 내 몸은 무기력으로 학습되어가고 있었다. 무기력함에 노출된 몸은 우울감으로 널브러져 갔다.

학습된 무기력을 'learned helplessness'라고 한다. 학습된 무기력은 긍정심리학자 마틴 셀리그만Martin Seligman과 동물연구자들이 동물을 대상으로 회피 학습을 통하여 공포의 조건 형성을 연구하다가 발견한 현상이다. 학습된 무기력은 피할 수 없거나 스스로 극복할 수 없는 환경에 반복적으로 노출된 경험이 잦아지면서 형성된다. 이렇게 형성된 무기력은 실제로 자신의 능력으로 피할 수 있을 때도, 극복할 수 있는 상황에서도 스스로 자포자기하는 것을 말한다.

마틴 셀리그만은 24마리의 개를 세 집단으로 나누어 상자에 넣고 전기충격 실험을 했다. 제1 집단의 개에게는 코로 조작기를 누르면 전기충격을 스스로 멈출 수 있는 환경을 제공(도피집단)했고, 제2 집단의 개에게는 코로 조작기를 눌러도 전기충격을 피할 수 없고, 몸을 묶어두어 어떠한 대처도 불가능한 환경을 제공(통제 불가능 집단)했다. 마지막으로 제3 집단의 개들은 같은 상자 안에 두고 전기충격을 주지 않았다(비교집단).

셀리그만은 그렇게 24시간이 경과한 후에 가운데 담을 세우고 넘으면 전기충격을 피할 수 있는 상자에 세 집단을 옮겨두었다. 그리고 전기충격을 주었다. 세 집단 모두 동일한 환경인 셈이다. 가운데 벽을 넘으면 전기충격을 피할 수 있는 상황이었다. 그런데 제1 집단과 제3 집단은 모두 중앙의 벽을 넘어 전기충격을 피했지만, 제2 집단만은 구석에 웅크리고 앉아 전기충격을 그대로 받아들이고 있었다. 즉 제2 집단은 자신이 어떤 일을 해도 그 상황을 극복할 수 없을 것이라는 무기력이 학습된 것이다. 셀리그만은 이를 보고 학습된 무기력이라 명명했다.

학습된 무기력에 관련된 일화로는 우리가 잘 아는 '서커스단의 코끼리'가 있다. 어린 코끼리를 잡아 오면 처음에 다리에 쇠사슬을 채워서 튼튼한 말뚝에 묶어둔다. 그러면 어린 코끼리는 처음에는 도망가기 위한 과격한 행동으로 저항하지만 점차 순응하게 된다. 죽을 힘을 다해 저항해봤지만, 그래 봤자 에너지만 소진될 뿐 도저히 벗어날 수 없음을 알게 되어 저항을 멈추게 되는 것이다. 이후에는 썩은 나무 말뚝에 새끼줄로 묶어 놓아도 코끼리는 저항하거나 도망치지 않는다. 도망갈 수 있는 환경인데도 도망가지 않는다. 이미 쇠사슬에 묶인 경험으로 인해 '아무리 힘을 써도 벗어나지 못한다'고 몸과 무의식에 저장했기 때문이다.

무기력이 학습되듯
활기를 되찾는 것 또한 학습이다

나는 마틴 셀리그만의 제2 집단 실험에 놓여 있었던 거다. 나는 병원 치료 기간에 죽을힘을 다해 회복을 위해서 노력했다. 그래야 병상에서 빨리 일어나 일상이 회복되리라 생각했기 때문이다.

완전 와상 상태에 있는데 일주일 후 담당 의사가 찾아왔다.

"몸을 움직일 방법을 시도해보려고 합니다. 가슴과 허리를 단단하게 고정하는 의료기기를 착용해서라도 조금씩 움직여보시죠."

다음날 허리와 척추를 고정해주는 기기를 구매했다. 35만 원이었다. 꽤 비싸다고 생각했다. 하지만 '저걸 입고라도 움직여볼 수 있다면 걸어 봐야지.' 싶었다. 누워 있을 때도 척추 고정기를 착용하고 지냈다. 옆으로 돌아눕는 것도 힘들었다. 몸은 이런 상황인데 걷는데 필요한 보조기구도 구매했다. 주로 요양원에서나 볼 수 있는 장면이 펼쳐졌다. 나는 보행기처럼 생긴 워커를 짚고 걷는 연습을 했다. 통증을 무릅쓰고 로봇처럼 워커를 짚고 한 걸음씩 내디뎠다.

잠이 오지 않는 날이 많아서 오만 가지 생각의 꼬리를 물고 정신을 괴롭히는 날이 많았다. 그럴 때면 몸을 움직이는 연습도 다 내려놓고 싶었다. 그래도 포기하지 않았다. 있는 힘을 다해 밤에도 낮에도 병실 복도를 어슬렁거리며 걷기 연습을 했다. 잠은 오지 않고 복도에 불이 꺼지면 어디 걸을 곳이 없었다. 그럴 땐 재활치료를 하는 맨 위층까지 올라갔다.

한번은 편마비 환자 한 분이 걷기 연습을 하고 있었다. 막 돌을 지난 아기처럼 뒤뚱뒤뚱 걷는 사람의 뒤에는 보호자가 함께 걷고 있었다. 혹시 넘어질까 노심초사하는 모습이었다. 그 후로 매일 밤 그곳에 갔는데, 갈 때마다 같은 풍경으로 걷기 연습을 하는 그를 볼 수 있었다. 그가 한 걸음 한 걸음 정성을 다해 떼어 걷는 모습을 보면서 순간 많은 생각이 머리를 스쳐 지나갔다. 그리고 "감사하다…."라는 말이 나도 모르게 나왔다. 나는 척추 보호대를 하고서라도 스스로 걸을 수 있음에 감사했다. 그도, 나도. 우리는 살고자 몸부림쳤다. 그가 한 발을 떼어놓을 때 나도 한 걸음을 내디디며 이를 악물었다. '왜 미리 건강의 중요성을 몰랐을까?'라는 생각이 올라왔다. 하지만 그 생각도 잠시, 다시 앞으로 내딛는 내 발에 집중했다. 모두 잠든 깊은 밤, 온 정신을 오직 한 걸음 두 걸음 내딛는 내 발에 집중할 뿐이었다.

나는 분명 노력하고 있었지만, 회복 속도는 내 예측과의 갭을 점점 더 크게 만들었다. 몸이 정지 상태에 적응되었다는 생각이 들면서 회복에 대한 의지가 무뎌지기도 했다. 마음이 무너지고 우울했다. 어떤 날은 누운 채 다리 하나도 올리기가 싫었다.

'이게 무슨 소용이 있겠어.'

'한 번 부서진 게 제대로 돌아올 수 있겠어?'

자주 희망이 사라졌다 되돌아오기를 반복했다. 사고는 인생의 실패감으로 몰아쳐왔다. 객관적으로 보면 몸 상태는 처음보다 분명 나아지고 있었다. 하지만 기준은 '완전한 일상생활이 가능한 정상' 이라고 정해놓고 보니 늘 좌절할 수밖에 없었다. 시간이 흘러도 내가 계획하고 생각한 임계점에 미치지 못한다는 생각이 드는 것이다. '나아지고' 있는 거지 '다 나은' 건 아니니까. 여전히 일상으로의 복귀는 힘들었다.

나와 비슷한 상황에 처한 사람들이 가장 많이 빠지는 함정이 바로 무기력감이다. 앞에서도 말했듯 이 무기력은 쇠사슬에 묶인 코끼리처럼 학습되어, 상황이 아무리 바뀌고 있더라도 그 상태에서 벗어날 의지를 점점 상실하게 된다. 도망가고 싶고 벗어나고 싶었던 코끼리의 욕망은 몇 번의 시도 후 포기를 불러왔고, 그것은 무기력감으로 자리 잡았다. 조금만 움직이면 끊어질 새끼줄을 다리에 묶은 채 움직일 시도도 하지 않았던 코끼리처럼, 갑작스런 상황에서 아무것도 할 수 없음을 인지한 우리는 '안 되는구나.' 하고 젖어드는 무기력감을 쉽게 떨쳐버리기란 힘들다.

아침에 눈을 뜨면 '할 수 있다.' '살아 있음에 감사하다.' '도전할 거야.' 하고 다짐하다가도 금세 '아무것도 할 수 없을 것 같아.' 하고 무너지면서… 나는 점점 더 지쳐갔다.

학습된 무기력은 아무리 노력해도 상황을 바꿀 수 없다는, 실패에 대한 두려움에서 시작된다. 이는 부정적인 생각을 불러일으킨다. 그 생각은 경험에 따라 증폭된다. 일상에서 겪는 학습된 무기력은 스스로 이겨내기 힘들다. 그래서 주변에서 멘토나 코치 등 대상자에 대한 가능성을 제시하고 일깨워주는 사람이 필요하다. 그들의 도움을 통해 성공의 경험이 쌓여 자신감이 들 때 비로소 탈출이 가능하다.

인간은 누구나 성장하고자 하는 DNA를 가지고 활기차게 살아가게 되어 있다. 중요한 건 무기력이 학습되듯 활력을 되찾는 것 또한 학습할 수 있다는 사실이었다. 과거 무기력증에 빠진 사람들을 코칭하고 도왔으면서도 정작 나 자신을 일으킬 수 없음에 답답했다. 하지만 활력 또한 학습하여 되찾을 수 있다는 사실을 믿었다. 작은 무너짐과 좌절을 용서하는 대신 활력을 되찾기 위한 학습을 포기하지 않겠다는 용기를 가지는 게 중요했다. 나는 내가 앞으로 나아가고 있으며, 더디더라도 일상을 되찾아가고 있음을 믿어야 했다.

사람은 삶에 적응하는 과정을 거치면서
몸에 새겨진 자기만의 '무늬'를 가지게 된다.
몸의 무늬는 뇌와 마음 깊숙이 흔적으로 남아 있다.

Part 2

몸이 말을 걸어오다

다양한 언어로 말을 걸어오는
몸과 소통하기

1장

내가 만든 몸의 무늬는
어떤 모습일까

마음을 다스려 고치려 하는 대신 나의 시각, 후각, 미각, 청
각, 그리고 촉각을 정화하는 일부터 시작하는 게 먼저다. 그
러면 자연스럽게 마음이 다스려진다.

내 삶의 역사, 몸에 새겨진 무늬

삶의 커다란 변화를 겪으면서, 특히 몸에 대한 충격을 온 삶과 마음으로 받아들이면서 나는 그동안 외면하려 했던 내 몸의 소리들과 마주해야 했다. 그리고 기록으로 남기고 싶었다. 내 몸에 대해, 그리고 그 몸이 만드는 마음과 삶에 대해서.

사람은 삶에 적응하는 과정을 거치면서 몸에 새겨진 자기만의 '무늬'를 가지게 된다. 몸의 무늬는 뇌와 마음 깊숙이 흔적으로 남아 있다. 또한 몸을 이루고 있는 내장기관에도 무늬가 있다. 우리는 누구나 삶을 통해 이런 무늬들을 남기며 살아간다.

내 몸의 역사는 파란만장하다. 청소년기의 왜곡된 사랑의 무늬, 욕구와 갈망에 이르지 못한 진학·진로에 대한 결핍의 무늬, 고통과 기쁨의 출산에 대한 무늬, 엄마가 처음이라 실수투성이 육아에 대한 무늬, 땅에 코 박고 즐겁게 벌고 쓰기만 하다가 들이닥친 위기, 돈에 대한 무지와 왜곡된 교만의 무늬, 내 의도와는 다른 관계를 낳은 인간관계에 대한 상실, 단절의 무늬, 늘 앎에 대한 목마름으로 파생된 능력·성공에 대한 좌절과 열등감의 무늬, 어쩌다 가난의 질곡에 빠져버렸던 생활과 절망의 무늬….

조금만 주의를 기울이고 집중하면 전의식(자극에 의해 떠올릴 수 있는, 이용 가능한 기억available memory)에서 떠오르는, 내 몸에 새겨진 무늬들의 이야기하자면 하루 온종일로도 부족할 것 같다. 누구나 그랬겠지만, 나 역시 내 몸에 참 많은 그림을 그려왔다. 내 몸 그림에서 산봉우리와 골짜기가 보이고 평원이 보이고 나무가 있고, 꽃이 있고 벌과 나비, 새가 보인다. 이 모든 무늬가 내 삶의 조각들이다.

몸을 마주하며 가장 먼저 이 무늬들을 인정하고 받아들이기로 했다. 때때로 어렵고 힘겨웠겠지만, 그 어느 순간도 빼어버리고 싶지 않다. 나는 그때 그 순간에 최선을 선택했을 거라 믿는다. 그 선택이 실패든, 실수든, 이 순간만큼은 그 모든 순간을 껴안는다. 지금의 내게는 모두 다 아름다운 순간들이다. 삶은 이렇게 시간이 흐른 후에 바라보면 개인전을 하는 갤러리 같다. 내 몸과 함께한 내 역사의 무늬들, 오직 나만의 무늬다. 그래서 더 가치 있다. 이 세상에 하나뿐인 걸작일 테니까.

몸의 감각에 주의 기울이기

몸에 새겨진 무늬들을 인정하고 껴안으면서, '몸'이라는 건 우리에게 무엇일까 생각해본다.

몸은, 감각이다.

우주는 빛, 소리, 냄새, 맛, 온도, 감촉 같은 자극을 통해 '나'와 연결되어 있다. 내가 살아있다는 것은 우주의 자극에 반응한다는 뜻이다. 몸의 감각은 세상과 마주하는 통로이다. 우리는 이 통로를 '오감'이라고 한다. 오감 중에서도 후각은 기억과 감정을 불러내는 향이다. 후각구는 10~15%가 성이나 위험감지에, 나머지 80~90%는 개별 냄새로 감지하는 영역으로 경험이나 학습에 기초한다. 이는 뇌의 감정과 기억의 영역인 해마, 편도체와 연결되어 있기 때문에 냄새는 상황에 대한 기억과 함께 저장된다 몸은, 감성이다.

인간은 몸과 마음을 가지고 있다. 그렇다면 마음은 무엇으로 존재할까? 감정, 욕구, 생각, 양심… 몸에 새겨진 마음의 무늬는 타고난 기질과 성장 과정의 경험에 따라 저마다 다른 모습으로 새겨진다. 마음의 의미는 '감정'이다. 소중한 사람이 떠났을 경우 '마음이 슬프다'라고 하는데, 이때 마음은 감정이라는 의미를 나타낸다. '마음이 기쁘다', '마음이 두렵다' 등의 표현도 감정을 나타내는 경우이다. 마음이라는 낱말이 가장 빈번하게 사용되는 경우가 감정을 나타낼 때이다. 마음의 무늬는 오늘의 나를 만들어낸다. 마음의 무늬는 어떤 패턴으로 서로 상호작용한다.

몸은, 인지(지각)이다.

인지(認知)란 무엇일까? 글자 그대로 해석하면 '어떤 사실을 인정해서 안다'는 뜻이다. 마음의 상태를 명료하게 느끼며 구분하는 능력은 마음의 균형을 위해 필요하다. 마음의 상태를 세밀하고 명료하게 느끼며 구분하는 능력이 바로 인지 능력이다. 마음의 질서를 잡기 위해서는 스스로 마음을 돌보는 능력이 필요하고, 그 첫 번째가 바로 인지 능력이다. 마음은 다양한 감정과 욕구, 다양한 생각 그리고 양심으로 이루어진다. 마음은 두 개 이상의 감정이나 욕구, 부딪히는 양심이 공존한다. 이러한 다양성과 복잡성을 이해하고 포용하며 갈등을 줄여나가는 데 필요한 것은 바로 '사랑'이다. 사랑을 바탕으로 한 인지 능력이 발달할 때만이 마음의 질서, 마음의 평화는 생겨난다.

몸은, 지혜다.

몸의 소리는 나의 안내자이다. 그러나 그동안 내게는 머리가 주인이었다. 나는 매우 예민한 사람이었고, 판단하고 평가하고 계산하면서 머리로 사는 사람이었다. 이제야 몸이 주인으로 사는 삶을 시작했다. 이성보다는 몸이 보내는 직관을, 지식보다는 몸의 지혜를 따라가게 된다. 그러니 삶이 더 단순해진다. 삶이 더 명료해진다. 몸의 무늬가 서로 상호작용하는 대로 따라간다. 어떤 자극의 상황에서 판단이 일어나면 그대로 관찰자로 지켜보게 된다. 몸이 흘러가는 대로 바라본다. 생각은 덜하고 몸의 소리를 듣는다. 몸이 선택하도록 지켜보고, 매일 성찰 일기를 쓴다. 평소에 글쓰기가 부담이었지만 일기를 쓰다 보니 감정이 정화되기도 하고 뿌듯한 성취감이 생긴다. '나는 글을 제대로 못 쓰는 사람'이라는 신념에서 해방되었다. 나의 한계를 극복한 경험은 몸에 새로운 그림으로 새겨졌다. 다시 도전하는 삶의 에너지가 솟아난다. 두렵지 않다. 다시 몸을 통해서 배워나간다.

몸이 무너졌을 때 가장 먼저 드는 건 '괴롭다'는 생각이다. 그건 마음의 소리다. 그 마음을 다스려 고치려 하는 대신 나의 시각, 후각, 미각, 청각, 그리고 촉각을 정화하는 일부터 시작하는 게 먼저다. 그러면 자연스럽게 마음이 다스려진다. 몸의 예민한 감각에 귀

를 기울이고, 몸이 시키는 대로 따라가고 관찰하며 그 선택을 지켜
보자. 우리 인생이 정화되고 건강해지는 건 거기서부터 시작된다.

2장

몸이 하는 말을 듣는 법

다시 살겠다는 생각과 하루의 목표는 나를 움직이게 했다. 과거 위기 상황에서, 수치스러운 상황에서 다시 일어났던 경험을 붙잡고서 "나는 할 수 있어." 다짐했다. 스트레스는 마음을 병들게 하는 대신 내 주의를 끌고 긍정적인 방향으로 나를 유도하고 있었다. 스트레스는 내게 말을 거는 몸의 강력한 소통 방식이었다.

마음이 아픈 사람들이
신체적 고통을 더 많이 호소한다

"뒷목에 늘 묵직한 통증이 있고, 한쪽 어깨만 엄청 아파요."

"언덕길을 오르면 가슴이 뻐근해져요."

"눈이 침침하고 잘 안 보여요."

"손목이 아파요."

"심장이 두근거리고 불안해요."

"소화가 잘 안 돼서 식사량을 줄였어요."

상담실을 찾은 내담자들은 내가 의사도 아닌데 심리적인 답답함과 함께 외부로 드러나는 신체적인 고통에 대해 털어놓는다.

가끔 드라마에서 전혀 예상치 못했던 회사의 비밀이나 가족 내의 비밀이 밝혀지는 충격적인 일을 맞닥뜨릴 때면 배우가 뒷목을 붙잡고 쓰러지거나, 이마에 띠를 매고 "아이고 머리야!" 하면서 자리에 드러눕는 걸 보았을 것이다. 건강하던 몸이라도 스트레스를 받으면 급변한다. 오늘날 현대인들에게 스트레스를 받을 상황은 남녀노소 할 거 없이 상시 존재한다. 업무 스트레스나 진로·진학 등의 학업스트레스, 승진이나 경영 스트레스, 대인관계, 가족 관계 스트레스 등등 수많은 상황에서 비롯된다.

프리랜서로 강의를 하는 한 내담자는 "50세가 넘어서 사회복지 대학원 공부하랴, 코로나19로 일이 거의 없어진 상황에 학비 마련하랴, 답답하고 무거운 마음입니다."라며 학비 투입 대비 향후 이일을 얼마나 더 할 수 있을지 걱정이라고 했다. 이런 부담을 안고 고군분투하며 박사과정 4학기를 하고 있는데 최근에 어머님이 갑자기 돌아가셨다. "공부만 끝나면 엄마한테 잘해드리려고 했는데 엄마가 가셨어요. 갑자기 공부고 뭐고 다 손을 놓고 싶어요. 가슴이 답답하고, 한숨이 나오고 무슨 일을 얼마나 더 하겠다고 공부하나 싶기도 하고… 눈 밑 떨림이 심해요." 하며 답답한 심정과 눈 밑 떨림 현상, 신체적 변화를 털어놓았다.

환경의 급격한 변화 속에 현대인들은 불안과 긴장으로 살아가고 있다. 한 개인의 일상을 위협하리만큼 불안과 긴장은 지속적이다. 밤에도 긴장은 계속된다. 잠이 오지 않는다. 잠자기 전까지 스마트폰을 켜고 미래를 준비하는 사람들이 많다. 코로나19가 장기화되면서 새벽이나 밤늦게까지 줌으로 강의를 하거나 연구를 하는 사람들이 늘었다. 몸은 쉴 틈이 없다. 정신과 영혼은 말할 것도 없다. 지치고 스스로 회복할 수 있는 한계를 뛰어넘는 스트레스 상황이 계속된다. 불안과 스트레스가 우리의 일상 속으로 깊숙이 스며들면서 '어떻게 준비해야 계속 밥벌이를 하고 살까?' 스스로 자문하며 잠을 줄이고, 운동을 줄이고 끝도 없이 공부한다. 상황은 더 나빠지고 마음은 조급해진다. 이러한 사회 환경에서 자녀를 양육하는 어머니들조차 양육 스트레스에 시달리고 있다.

우리는 이런 스트레스가 정신과 몸에 심각한 영향을 미친다는 것을 알고 있지만 어떠한 조치를 취하지 못한다. 스트레스는 위험한 상황에 대한 우리 몸의 반응이다. 예상하지 못했던 낯선 상황을 마주할 때나, 사별, 이별 등 상실을 맞이할 때나, 갑자기 재정적인 위협을 느끼는 문제가 발생했거나, 대형 교통사고 등 위험 상황에서도 나타난다. 삶을 버텨야 하기 때문에, 생존해야 하기 때문에 일어나는 몸의 반응인 것이다. 위기 상황에서 우리 몸을 지켜내기 위해서 발생하는 호르몬의 이상 분비 등 화학적인 반응이 몸에 영향을 미친다.

이러한 스트레스는 단기적으로는 나를 보호하고, 상황을 극복하고, 위험을 예방하는 역할을 하지만 장기화되면서 몸에 문제가 생긴다. 상처, 불안, 두려움, 걱정, 외로움, 과중한 업무 등의 정신적인 자극에서 출발하여 몸과 정신에 병적인 상태로 접어들기도 한다. 이 상태는 생각, 감정, 행동 등 신체와 정신 전반에 악영향을 끼치게 된다. 가장 먼저 몸의 통증을 느끼는 신체화 현상이 나타난다.

스트레스는 몸과 마음을 긴장하게 한다. 심장이 빠르게 뛰고, 손에 땀이 나고, 혈관이 수축되면서 혈압도 상승되고, 소화도 잘 안 된다. 교감신경계를 활성화시킨다. 계속 몸이 긴장되어 있으면 근육이

굳어지면서 근육 내의 혈액 흐름에 이상이 생겨 순환 장애를 일으킨다. 몸의 통증은 다시 감정적으로 영향을 준다. '이러다가 큰 병이라도 걸리면 어떡하지' 불안해지고, 짜증 나고, 예민해지고, 우울해지고, 대인관계에도 영향을 미친다.

사고 후 나는 불면증과 척추골절로 인한 허리 통증으로 몹시 힘들었다. 통증이 장기화되면서 악몽을 꾸고, 근육이 급속히 소실되고, 입맛이 없고, 소화가 잘 안 되는 상황을 맞이했다. 사고 당시의 타박상과 찢기고 꿰맨 상처로 얼굴을 보면 우울했다. 머리통, 안면통의 타박으로 인해 얼굴은 시커멓게 멍이 올라왔다. 눈알엔 시뻘건 핏줄이 뒤엉켜 있었다. 슬픔과 우울감, 불안이 갈수록 더 나를 공포 속으로 몰아갔다. 그러다가 또 '여기까지 어떻게 왔는데, 다시 지푸라기라도 잡고 일어나 보자.'라는 생각이 들면, 열심히 심신 훈련에 임했다.

나는 사고 전에도 청각이 예민하여 소란스러운 환경에 스트레스를 곧잘 받았다. 그 민감성을 역이용하여 이제 내 몸과 마음으로 온전히 몰입하기로 했다. 머리끝부터 발끝뿐만 아니라 몸을 구성하는 나의 내부구조물까지 온전히 몰입해서 몸이 보내는 느낌에 집중했다. 그리고 그 느낌에 반응, 조치를 취해주었다.

정확한 시간에 약 먹기, 정량 밥 먹기, 운동처방 제시간에 잘 받기, 병실 주변 깨끗이 정리하기, 한 줄 성경 읽기, 기도하기, 30분 워커 짚고 걷기 등 필살기로 일어서는 훈련을 했다. 담당의사 선생님이 "환자분은 우리 병원에서 최고A⁺ 환자세요. 정말 훈련을 잘하고 계시고 빠르게 회복하고 있어요."라고 하셨다. 치료자와 환자 간에 신뢰감이 형성되다 보니 의사 선생님이 시키는 훈련에 더 성실히 임하게 됐다.

다시 살겠다는 생각과 하루의 목표는 나를 움직이게 했다. 과거 위기 상황에서, 수치스러운 상황에서 다시 일어났던 경험을 붙잡고서 '나는 할 수 있어.' 다짐했다. 스트레스는 마음을 병들게 하는 대신 내 주의를 끌고 긍정적인 방향으로 나를 유도하고 있었다. 스트레스는 내게 말을 거는 몸의 강력한 소통 방식이었다.

몸이 하는 말을 듣는 법

아직 미혼인 40대 초반 내담자가 찾아왔다.

"쉽게 몸이 피곤해지는 것이 스트레스입니다. 아직 열심히 일을 해야 혼자 먹고살 수 있는데, 벌써 일하는 게 재미가 없어요. 직장에 가면 거의 매일 딱 5분씩 지각을 하는데, 과장님한테 한소리 듣고 시작하면 종일 일할 맛이 떨어지죠. 몸이 아파서 아침마다 열 치료를 받거든요. 그러고 나서 부지런히 챙겨서 가는데도 5분씩은 늦어요. 그걸 가지고 그 난리를 피우니⋯."

남자는 아픈 몸으로 최선을 다하는데도 타인에게서 이해받지 못하는 서러움과 분노를 표출했다. 가슴이 답답해 얼마 전 진료를 받았는데, 암은 아니지만 종양이 발견되었단다.

"꼭 말을 해야 하나요? 그냥 좀 아프다고 하면 알아서 배려해줄 거라 생각했는데⋯."

지금 그는 그 어느 때보다 몸의 이야기를 들어야 할 시점이었다.

하지만 몸에 관심을 기울이기보다 타인으로부터 생기는 감정, 오가는 말, 관계 속에 벌어지는 스트레스에 집중하여 몸이 하는 이야기를 듣지 않았다. 정작 몸이 아픈데, 몸에 집중하기보다는 이 몸이 놓인 상황과 외부환경에 대해서 스트레스를 받고 더 신경이 곤두선다.

많은 사람이 "내면의 소리를 들어야 한다."라고 이야기한다. 그런데 몸은 내면의 소리를 보내기 전에 먼저 몸을 통해서 신호를 보낸다. 지금 이 순간에도 우리의 몸은 끊임없이 우리에게 신호를 보내고 있다. 몸의 신호를 잘 듣기 위해서는 몸의 소리에 귀를 기울여야 한다. 몸이 말을 걸어온다는 걸 어떻게 알 수 있을까?

너무 당연한 이야기겠지만 '관심'이다. 한 직장에 1년 넘게 다녔어도 관심을 두지 않았던 동료를 생각해보자. 그의 가족이 몇 명인지, 좋아하는 게 무엇인지, 어떤 취미가 있는지 전혀 알지 못한다. 그러나 그에게 관심을 두기 시작하면 모든 게 보이고 들리기 시작한다. 마찬가지다. 몸에 관심을 둔 적이 있었던가? 눈을 감고 우리 몸을 느껴본 적이 있는가? 머리부터 발끝까지 고스란히… 관찰하고 들여다본 적이 있는가. 몸에 관심을 기울이기 시작하면 우리의 오감이 열리면서 소리가 들려온다. 심장으로도 몸의 소리가 들리고 느껴진다. 한번 느껴보자. 내 몸은 무엇을 말하고 있는가?

'척추가 아파.'
'무릎이 쿡쿡 찌르듯 아파.'

'허리가 쑤셔.'

'머리가 무거워.'

'뒷목이 딱딱해.'

'눈이 뻑뻑해.'

'가슴이 답답해.'

'어깨가 무거워.'

'편도가 부어서 뜨거워.'

이런 소리들을 잘 듣는 사람들은 약을 먹거나, 쉬거나 하는 등 몸이 원하는 걸 해줄 것이다. 하지만 내가 그랬던 것처럼 몸이 하는 말을 무시하거나, 왜곡해서 듣게 된다면 어떻게 될까. 몸이 계속 소리쳐 오는데도 '왜, 또 아픈 거야. 할 일이 태산 같은데.' 하며 오히려 몸을 나무라고, '그냥 오늘 좀 피곤한가 보지.' 하며 그냥 지나쳐버린다면…. 몸은 스스로를 지킬 수 없는 한계점에 다다를지 모른다.

뜨거운 냄비를 맨손으로 잡았던 순간이 있는가. 그 순간 우리의 행동은 어땠는가. 생각할 틈도 없이 그 뜨거운 냄비로부터 몸을 피하고, 차가운 물에 손을 담그거나 우리 몸의 가장 차가운 귀로 가져갔던 경험이 있을 것이다.

나는 몸이 다양한 신호를 보내는데도 자각하지 못했다. 그 신호들을 모두 외면한 채 계속해오던 대로 살았다. 몸의 고통과 불편함을 지각할 수 있는 능력은 인간의 생존에 있어 매우 중요하다. 우리 몸에는 생존을 위한 감각 시스템이 내장되어있다. 이 감각 시스템에는 외부감각뿐 아니라 내부감각이 있다고 한다. 신체의 내부감각을 통해 뇌로 전달된 정보를 잘 해석할 때 몸의 욕구에 맞는 소통이 가능하다.

왜 몸의 소리를 잘 들어야 할까

50대 후반쯤 되어 보이는 여자분이 상담실 문을 들어서자마자 소리쳤다.

"거실 TV 소리 때문에 이혼해야겠어요! 이렇게는 못 살아요!!"

나는 말없이 화가 잔뜩 난 그녀의 모습을 쳐다보았다.

"도대체 내 말이 들리는지 안 들리는지도 모르겠어요. 그냥 이젠 아예 무시에요, 무시!"

그녀는 그제야 자리에 풀썩 앉는다.

"제 성격은 원래 차분하고 조용했는데, 요즘 자주 폭발하고 헐크 (분노, 공포, 스트레스 등으로 아드레날린이 과다분비되면서 순간적으로 엄청난 힘을 쓸 수 있도록 변신)가 된 것 같아요."

내담자의 남편은 조기 퇴직 후 종일 집 안에서 TV를 껴안고 지낸다고 했다. 갈수록 TV 소리가 높아지고 급기야 아내가 부르는 소리도 잘 듣지 못하는 상황에 이른 것이다. 최근에는 서로 각자의 시간을 보내며 배우자에게 무슨 일이 일어나는지도 모르고 산다고 했다. 서로에게 관심을 끄고 산다지만 한 지붕 아래 살면서 내담자에게 '이혼'을 생각할 정도로 소리 스트레스가 심한 상태였다. 내담자는 차분했던 성격이 점점 난폭해지고, 감당할 수 없는 현실에 우울하기도 하며 종잡을 수 없는 자신이 두렵다고 했다.

　인간의 모든 영역에서 일어나는 사건, 자극, 예측하지 못했던 환경 등은 어떤 것이든 우리 신체와 마음에 영향을 준다. 인간의 삶은 에너지 순환체계 속에 끊임없이 움직인다. 내 몸과 마음은 신경 체계로 연결되어 서로 소통하고 있다. 서로 협력하면서 균형적인 건강을 유지한다. 그리고 내가 걷는 삶의 길목마다 만나는 외부의 자극들은 내 전 존재에 영향을 미친다. 사건의 모든 기록은 몸과 마음 뇌에 기록되어 다시는 그런 위험이나 불편한 상황을 만나지 않기 위해 방어한다.

　우리 몸은 '생존'하기 위해서 움직인다. 몸은 순간순간 생명 유지를 위한 최선의 에너지를 만들어 몸의 각 부분으로 보낸다. 몸의 소리는 '느낌'과 '선택의 경험'이라는 순환체계로 움직인다. 내 몸은 내가 의식하지 못하는 이 시간에도 움직이고 있다. 이 움직임이 우리의 삶을 끝없이 재배치해나간다. 몸의 움직임이 정지되면 에너지의 흐름이 막힌다. 몸에 흐르는 에너지의 막힘은 곧 병으로 가는 지름길이다.

지금 이 순간에도 우리의 몸은
끊임없이 우리에게 신호를 보내고 있다.
몸의 신호를 잘 듣기 위해서는
몸의 소리에 귀를 기울여야 한다.

밀턴 에릭슨Milton H. Erickson이라는 미국의 정신과 의사는 자신의 결핵을 극복하기 위해 몸의 소리를 들은 사람이다. 우리 뇌는 신경 가소성(우리의 경험이 신경계의 기능적 및 구조적 변형을 일으키는 현상)이라는 특성에 따라 쓰면 쓸수록 더 발달하고, 안 쓰면 퇴화해버린다. 그는 몸이 아프게 됐을 때 자기 몸의 느낌을 주의 깊게 관찰했다. 몸의 움직임뿐만 아니라 본인의 감정, 기분, 내부와 외부의 자극 등을 유심히 관찰하면서 자신에 대한 질문을 습관화했고, 자신이 파악한 느낌에 충실하면서 자기치유를 해나갔다.

몸에 대한 연구를 했던 사람들의 공통점은 자신의 몸이 건강하지 않았다는 것이다. 나 또한 예측하지 못한 사고로 몸이 망가지자 몸을 생각하고 살피게 되었으니까. 그렇게 내 몸의 상태가 한 장의 그림처럼 펼쳐졌을 때. 뚫어지게 들여다보며 비로소 '트라우마와 몸 안아주기'를 시작했다. 몸의 소리는 몸에서만 나는 소리가 아니었다. 몸의 소리를 잘 듣는 일은 내 몸에 대한 느낌을 자각하는 것이다. 몸은 다양한 울부짖음으로 만나주기를 원했다. 아무것도 선택할 수 없을 만큼 고통스러울 때 어떤 형태로든 몸은 멈춰버린다.

나는 마음이 아픈 사람들의 안전지대가 되기 위해 심리상담을 했고 수많은 사람을 만났다. 하지만 정작 나를 돌보지 못한 숱한 시간을 지나, 비로소 나를 바라보게 되었다. 이제는 내 몸이 어느 공간에 있는지, 어디쯤 있는지, 어떤 모습으로 있는지, 어떻게 하기를 원하는지 귀를 기울이고 듣는다. 몸의 소리가 들리면 제대로 듣고, 내 맘대로 해석하지 않고, 반응한다. 내 몸의 소리와 친해질수록 몸은 안심하고 이완된다. 몸이 편하면 비로소 마음의 정원에 피어있는 꽃길을 천천히 걸으며 다양한 길동무를 만날 수 있다.

사고가 나기 전에는 몰랐지만, 몸에 귀를 기울이자 내 몸은 신체감각언어를 통해 끊임없이 말을 걸어왔다. 그 감각 언어는 수많은 생각과 경험의 과정에서 나에게 선물로 주어진 '직관'의 원천이 되었다.

이제 철저히 내 몸이 하는 소리에 귀를 기울이고 이끌려가 본다. 뜨거운 머리와는 다르게 너무나 차가운 발바닥이 만져달라고 한다. 나이가 들수록 둔감해지는 몸의 소리에 온전히 귀를 기울여본다. 오히려 몸은 더욱 반란을 일으키고 있음을 알게 된다. 외부의 모든 소음들과 나쁜 기억의 소리를 차단하고 지금 나를 살리는 신체의 감각에만 집중한다. 의식은 오직 신체 내부의 소리에만 집중한다.

그렇게 내 몸에 무슨 문제가 있는지를 탐구하고, 몸을 편안하게 이완하는 방법을 찾았을 때 나는 깨달았다. 이것이 몸과 마음, 뇌가 잘 소통하는 길임을. 나는 그 길 위에 올라서서 나에게 이야기한다. "우리 날마다 이렇게 몸의 소리를 듣고 한 가지씩이라도 반응해주자." 나에게 하는 이 속삭임이 나에게 새로운 기운을 준다.

3장

나의 숨소리를
들어본 적이 있는가

요즘 움직일 때마다 들숨 날숨을 어떻게 할 것인지 숨을 의
식한다. 내가 의식하지 않는 순간에도 숨이 잘 쉬어줘서 고
맙다. 숨을 의식하는 동안 새삼 숨이 소중해진다.

먼저 몸에게 사과할 것

병病, maladie이라는 의미는 '어떤 장애 또는 질병을 앓는 몸'이다. 이는 라틴어 '말할 수 없는 질병의 고통mæl'θ di'에서 왔다. 고통은 인간 존재 자체의 아픔이다. 누구나 암이나 질병 진단을 받으면 고통을 더 느낀다. 몸과 마음 정신은 분리되어 있지 않기에 고통은 그만큼 존재 자체의 아픔이다. 고통은 우리 삶의 감각, 의식, 행동이 모두 연결되어 있기 때문이다.

그러면 우리가 경험하는 고통을 어떻게 이해할까. 다시 말해 내가 참고 견뎌야 할 시련 혹은 고통이란 무엇일까? 그리고 그 고통에 지수misery index가 있다면 얼마일까.

심한 고통은 슬픔과 좌절감을 가져온다. 어느 날 갑자기 암 판정을 받고 황망함과 두려움 속에 치료 중인 지인이 있다. 그는 "슬픔이란 감정은 각자의 경험과 삶의 위치에 따라 다르지만 죽음과 상실의 고통은 치명적인 아픔이다."라고 담담히 말했다. 예고된 병이 아니었기에 더욱 당혹스러웠고 자신뿐만 아니라 가족들에게도 혼란과 어려움을 전가하고 있다는 사실에 더 아파했다. 그는 "병실 안에 있으면 환자들의 병 이야기와 다양한 삶의 이야기들이 듣고 싶지 않아도 들려올 때, 감정이 이입되어 함께 아파하고 걱정해주기도 한다."라고 했다.

또 내가 아는 환자 중에는 18살에 돈 한 푼 없이 서울에 올라와서 소금공장에서 일을 했는데, 월급을 받으면 90%를 저금하는 방식으로 돈을 모아서 소금공장 사장이 되었단다. 공장도 커지고, 염전도 사고, 번듯한 건물도 사고 부자가 되었다. 그의 일상은 근검절약하는 습관으로 자리 잡았다. "몸 쓰는 일을 많이 해서 피곤하긴 해도 건강하게 살았는데 살 만해지니까 급성심부전증, 혈액암에 걸려 병원 신세를 지고 있다. 돈은 벌었지만 한 번도 즐기지도 못하고 죽게 되었다."라며 몸과 마음의 고통을 하소연했다.

나도 사고가 나서 몸이 휘어지고 찢어지는 고통 뒤에야 내 몸에 대해 조금은 알아가는 것 같다. 몸이 '피곤하다'고 '쉬어라' 하는데도, '아프다'고 소리치는데도 현실에 충실한 사람으로 살았다. 몸의 고통은 질병이든, 사고든 심리적 고통까지 동반한다. 특히 암 환자들의 고통은 진단 자체로 인한 고통과 치료 과정에서 겪는 이중 고통이 있다. 치료 과정에서도 부작용이나 치료 기간이 길어지면서 또 다른 문제를 불러일으키기도 한다. 간 기능의 장애가 콩팥 기능 장애로 확산되어 급성 신장 장애가 일어날 수도 있다.

병실에 누워 있는 환자들이 거의 매일 밤 신경안정제를 먹거나 진통제를 투여받아 고통을 해결하려고 하지만 그것은 잠시뿐 잠을 못 자면서 심신의 통증을 호소한다. 어떤 사람은 사고나 진단받은 병 치료보다 치료과정에서 맞이하는 불안과 공포감으로 인해 몸 상태가 더 악화되기도 한다. 그러나 사고나 질병으로 인한 통증 치료는 어찌 보면 몸의 시위다. 지금이라도 '아프다'고 소리치는 몸에게 우리가 해야 할 일은 원망과 불평, 후회와 짜증, 포기와 불안이 아니다. 우리가 먼저 해야 할 일은 진정으로 "미안하다."라고 말하는 것이다.

질병을 앓으므로 인해 몸의 소중함을 알게 된다. 몸에게 하루에도 열두 번씩 "그동안 미안했어.""고마워.""사랑해."라고 말해주어야 한다. 그래서 사고나 질병은 고통이기도 하지만 오히려 축복일 수도 있는 것이다. 이전보다 더 몸을 느끼고 아끼게 되니까. 몸에게 감사하며, 이전보다 훨씬 나은 삶의 경지에 도달할 수도 있기 때문이다.

그리고 살아 있음에 감사할 것

나는 최근 10년 동안 숨이 끊어지면서 이생과 저생으로 가는 길이 달라지는 실제 상황을 세 번이나 경험했다. 바로 눈앞에서 순간적으로 유명을 달리하는 순간을 맞닥뜨리며 고통스러웠다.

아버지는 연세대학교세브란스 병원 심장내과에서 심혈관계 수술 직전에 "아버지, 한잠 주무시고 좀 있다 뵐게요."라고 인사하며 수술실로 들어가셨는데 18일 만에 의식도 돌아오지 않고 가셨다. 그렇게 가실 줄 알았으면 '아버지 품에 한번 안겨볼걸, 아버지를 꼭 안아드릴걸!' 하는 아쉬움이 아직도 가슴에 남아 아프게 한다. 주3일 투석을 하시던 엄마는 바쁜 일정에 치어 자주 뵙지도 못했다. 이젠 엄마 곁에서 따뜻한 수발이라도 들고 싶어 10일간 일정을 빼 약속을 해놓고 기다리고 있었다. 그러던 중 추석 3일 전에 갑자기 엄마 건강이 악화되셨다. 급히 부산으로 내려가던 중에 둘째 동생으로부터 전화를 받았다.

"누나, 엄마 가셨어요…."

동생은 더 말을 잇지 못했다. 나는 기차 연결 칸에서 소리 내어 울었다. "엄마!" 다른 어떤 말도 나오지 않았다. 부산 친정집에 도착했을 때 엄마는 이미 하얀 천으로 덮여 있었다. 난 엄마의 주검만 부둥켜안고 엉엉 울었다.

마지막으로 얼마 전 나와 한 차에 타셨다가 사고를 당하신 선생님의 죽음을 보았다. 죽을 것만 같은 오열을 해도 숨은 한 번 떨어지면 다시 돌아오지 않았다. 누군가 한 말이 생각난다. "있을 때 잘해!"라는 말….

있을 때는 잘 모른다. 늘 거기, 건강히 잘 있으리라 착각하며 산다. 가까운 사람들의 죽음을 바로 곁에서 바라보면서 강하게 든 생각은 그들이 옆에 있을 때 소중히 여기며 살아야겠다는 것이었다. 시간을 들이고, 정성으로 돌아보아야겠다는 생각. 나는 그동안 그렇게 살지 못했다. '난 지금 소 잃고 외양간을 고치고 있구나.' 그런 생각이 후회가 되어 밀려왔다.

숨소리는 곧 생명과 직결된다. 살아 있음은 숨소리를 통해 알 수 있다. 나는 사랑하는 사람들의 숨소리에 귀를 기울이지 못했다. 그들의 숨소리는 항상 너무 당연했다. 그들이 가고 난 후에야 나는 그들의 숨소리가 그리웠다.

그러면서 나는 굳게 다짐하게 되었다. 지금부터라도 매 순간을 소중히 여기며 내 숨소리에 귀를 기울여보겠다고. 그리고 내 곁에

질병을 앓으므로 인해 몸의 소중함을 알게 된다.
몸에게 하루에도 열두 번씩
"그동안 미안했어." "고마워." "사랑해."라고
말해주어야 한다.

살아 있는 모든 생명의 숨소리를 들어보겠노라고. 지극히 평범한 것들에는 우리가 잘 알지 못하는 소중함이 깃들어 있다. 특히 '숨'의 소중함이다. 숨을 쉰다는 것은 살아 있음의 증거가 아니던가. 그래서 숨은 감사다. 숨은 생명이다. 지금 이 순간 눈을 감고 내 숨소리를 들어본다. 이 소리를 들을 수 있는 사람은 살아 있는 사람이자 감사를 아는 사람이다.

하루 중 온전히 내가 숨 쉬고 있음에 감사한 시간을 가져보았는가. 공기에게 감사함을, 내 안에 더러운 찌꺼기를 우주 속으로 내뿜을 수 있음에 감사하다 의식해본 적이 있었는가. 나는 사고 이후 숨을 관찰하는 버릇이 생겼다. 사고 트라우마는 내게 종종 가슴이 들려 있음을 알아차리게 했다. 몸이 무의식중에도 긴장상태 모드로 가슴호흡을 하였다. 규칙적인 숨을 못 쉬고 아주 잠깐씩 숨을 멈추고 있다. 그것을 인지하는 순간 너무나 놀랐다.

내 몸은 무의식적 자율신경계가 자율적으로 움직인다. 주의를 기울이면 의식적으로 움직임이 포착되는 것이 있다. 바로 호흡이다. 내 호흡을 들여다본다. 어떻게 숨을 쉬고 있는지 사랑으로, 의식적으로 관찰해본다.

"숨이 멎는 줄 알았어."

"숨 막혀 죽는 줄 알았어."

"제발 숨 좀 돌리자 좀!"

"숨 가쁘게 살아왔어."

"숨이 차!"

숨과 관련된 표현은 거의 모두 '생명'과 관련이 있다. 그도 그럴 것이 생명과 관련이 있는 것은 모두 '생명의 뇌'에서 관장하기 때문이다.

수영을 할 때 잠시 숨을 멈추고 있노라면 숨이 차서 목숨이 끊어질 것만 같았던 기억이 있다. 스스로 참았던 숨을 내쉴 수 있어서 살아났지 만일 다른 사람이 내가 숨을 못 쉬도록 통제했다면 나는 채 1분도 못 참고 숨이 끊어졌을 것이다.

나는 사고 후에 의식적으로 몸을 다시 살리는 것에 우선순위를 두고 있었다. 잠깐씩 시간을 내어서 연세대 뒷산 안산 자락 길을 오르거나, 한강까지 뛰고, 걷고, 갔다 온다. 우리는 스트레칭, 요가 등 몸이 운동을 할 때 숨이 가쁘다. 내 숨소리를 들을 수 있는 좋은 기회다. 요즘 움직일 때마다 들숨 날숨을 어떻게 할 것인지 숨을 의식한다. 내가 의식하지 않는 순간에도 숨이 잘 쉬어줘서 고맙다. 숨을 의식하는 동안 새삼 숨이 소중해진다.

깊이 숨을 들이쉬었다가 살짝 입술을 열고 '후우…!' 길게 내쉬는 내 숨소리를 듣는다. 피트니스센터에서 근력운동을 하듯 숨을 고르게 쉬는 연습을 한다. 이러한 연습과 훈련 때문인지 새벽에 문득 잠에서 깨면 "오, 감사합니다!" 숨을 쉬고 있음에, 살아 있음에 큰 감사를 보내게 된다.

4장

몸과 잠은 연인관계다

결국, 몸을 돌본다는 건 내 몸이 하는 소리에 귀를 기울이며,
몸의 모든 기능이 정상적으로 작동하고 서로 사랑을 나누며
관계할 수 있도록 해주는 것이다.

우리의 몸은 소우주다

수면이란 일정 시간 동안 일시적이고 자발적으로 일어나는 행위로, 수면과 각성 리듬에 따라 우리는 주기적으로 잠에 빠져든다. 잠은 인간의 일차적인 욕구다. 잠은 살아 있는 동안 생명에 있어 필수적이고 주기적인 활동이다.

이 수면과 각성 리듬은 낮과 밤의 변화에 따라 우리 몸이 깨어날 때를 대비해 몸을 쉬고 재생하도록 만들어준다. 우리 몸은 빛 정보를 통해서 24시간을 파악한다. 빛이 망막세포를 자극해 지금이 아침인지 점심인지 저녁인지를 알려주는 것이다. 이러한 정보는 시계와 같은 기능을 해서 생체 시계라고도 한다. 시간과 관련되는 모든 생체리듬의 관리가 바로 빛 정보를 통해 이루어진다.

우리 몸의 생체 시계는 대뇌 내분비선과 관련이 있는데, 이는 멜라토닌 호르몬 분비에 관여한다. 밤이 되면 혈액 속으로 멜라토닌이 분비되고 아침이 되면 멜라토닌의 분비가 줄어든다. 물론 밤이라도 핸드폰 등 전자기기를 볼 때처럼 빛에 노출되면 잠 호르몬인 멜라토닌의 분비가 감소되기도 한다.

잠을 충분히 자지 못하면 우리 몸의 생체 시계는 엉망이 된다. 호르몬 분비 체계가 무너지고, 빛과 어둠을 감지하는 센서에 혼란이 생긴다. 그래서 예부터 충분한 잠은 보약이라고 했다. 우리가 살면서 가장 사소하게 여기게 되는 것 중 하나가 바로 수면이다. 나는 날마다 할 일을 잔뜩 쌓아놓고 밤낮없이 일하곤 했는데, 물리적으로 할 일이 많을 때 결국 줄일 수 있는 것이 수면 시간밖엔 없었다. 그러나 이렇게 부족한 수면은 머리를 뿌옇게 만들고, 생기를 떨어뜨렸다.

의학저널에 의하면 잠을 너무 못 자는 것도 문제지만 잠을 너무 많이 자는 것도 문제가 된다고 한다. 사실 수면과다증은 더 심각한 질환을 알려주는 신호가 된다고 한다. 나를 찾아오는 사람들 중에도 우울증이나 기타 마음의 병으로 인해, 비정상적으로 긴 시간 수면을 취하는 경우가 있었다. 하지만 아무리 긴 시간 잠을 자도, 컨디션이 좋아지거나 머리가 맑아지거나 몸과 마음의 건강이 회복되는 건 아니었다. 이 역시 생체 시계가 고장이 나 있다는 뜻이기 때문이다.

우리 몸은 소우주라고 했다. 계절의 흐름, 밤과 낮의 흐름대로 바라보고, 보살펴주어야 자연다운 자연을 느끼고 누릴 수 있다. 그간 어쩌면 한 번도 귀 기울여 보지 못했던 나의 숨소리를 듣고 생명을 느끼기 시작했다면, 이젠 내 몸이 가장 자연스럽게 정상적인 생체 시계에 적응하고 따라갈 수 있도록 도와줄 차례다.

　잠자기 전 잠깐만 시간을 내어서 종일 힘겨웠던 내 몸을 위해 바라보고, 느끼고, 말을 걸어보자. 피곤에 찌든 내 몸을 친절하게 보살피고, 위로하며, 몸의 욕구에 따라 해소할 자신만의 운동을 해보는 것도 도움이 된다. 우리 몸은 피곤과 스트레스가 날아가고 머릿속의 쓸데없는 생각이 비워지고 여러 감정이 혼란을 잠재워야만 잠도 잘 자게 된다. 건강은 밤과 낮을 잊어버린 생체 시계가 제 기능을 되찾을 때 돌아온다. 특히 깊은 잠에 빠져들어야 할 11시~2시에 반드시 해야 할 일을 나 자신에게 명명하고 몰아붙이는 건 내 몸에 대한 엄청난 폭력과도 같다.

하루 중 온전히 내가 숨 쉬고 있음에
감사한 시간을 가져보았는가.
공기에게 감사함을,
내 안에 더러운 찌꺼기를 우주 속으로 내뿜을 수 있음에
감사하다 의식해본 적이 있었는가.

몸과 잠이 성숙하게 사랑할 수 있도록

우리는 다양한 사회적 관계 안에 살아간다. 사람 안에서 사랑하고, 배우고, 성장한다. 보통 연애 초기에는 '콩깍지가 씌었다'는 표현을 한다. 처음엔 그만큼 서로의 좋은 점만 눈에 보이고, 단점보단 장점이 관계의 형성에 큰 영향을 미친다. 그러나 연인관계가 발전할수록 콩깍지는 하나씩 벗겨지기 마련이다. 서로 좀 더 깊이 있는 관계, 돈독한 관계를 형성하려면 서로에 대한 좀 더 깊이 있는 관찰과 노력이 필요하다. 상대가 어떤 것에 관심이 있는지, 무엇을 좋아하고 어떨 때 행복한지… 이런 것들을 살피며 서로의 성장을 돕는 것이 성숙해져가는 연인의 모습이다. 자신이 살아온 성장 배경과 성장 경험이 서로에게 영향을 미치면서, 서로의 삶이 포개어지고 익어가는 놀라운 경험을 하는 것이 바로 연애이며 사랑이다.

특히, 영유아기 때 부모와 형성된 애착 관계는 연인관계에 큰 영향을 미친다. 애착이란, 아기와 양육자 관계의 신뢰다. 또한 주 양육자(엄마)와의 관계에서 형성되는 친밀한 정서적 유대감이다. 생후 6주, 아이들은 자신을 돌봐주는 사람과 다른 사람을 구별하여 인식하게 된다. 아기는 애착 대상을 통해 안정감과 편안함을 가지고 환경을 탐색하며 새로운 지식을 습득해나간다. 사회에 적응해나가는 사회화 과정인 것이다. 아기는 주 양육자와 분리되어 불안을 느낄 때, 낯선 사람을 만날 때, 신체적 불쾌감을 경험할 때 주 양육자에게 접근하여 안정감을 느끼면서 애착이 형성된다. 이때 주 양육자가 아이의 신호를 빠르고 정확하게 해석하여 아기의 욕구를 적절히 충족해주어야 한다. 주 양육자가 민감한 반응성을 가지고 있다면 아이는 안정된 애착을 발달시킬 수 있다. 만약 아기가 불안정 애착 증세를 보이면 주 양육자는 애착 증진을 위해 아기를 민감하게 관찰한다. 이어서 아기의 반응에 민감하게 반응해준다. 주 양육자의 감정에 따라 반응하는 것이 아니라 아기의 울음을 정확히 잘 파악해서 신속하고 일관성 있게 반응해주는 것이다.

그러나 반대로 주 양육자가 아이의 증세와 신호에 민감하게 대응하지 못한다면 애착관계가 제대로 형성되지 못한다. 안정적, 정서적 상호작용을 하지 못한 아이는 관계에서 불안감을 느끼는데, 이는 향후 연인관계에도 상당한 영향을 미치게 된다.

나는 긴 시간 몸의 회복을 위해 나를 돌보면서, 우리 몸과 수면이 연인관계에 있다는 것을 깨닫게 되었다. 긴 시간 행복하게 연애 중인 연인들의 특징을 보면 서로의 개별성을 존중한다. 끊임없이 자신의 가치를 이야기하고 상대에 대해 모르는 것은 질문하며 소통한다. 서로 싫어하는 것은 조절하고 성장을 돕는다. 함께 즐기는 방법을 잘 아는 사람들이다. 또한 따로 혼자 있는 시간에도 상대를 믿고 존중해준다. 서로를 신뢰한다. 역지사지로 상대의 입장에서 생각하고 이해하려고 노력한다. 건강한 애착관계를 바탕으로 서로를 세심하게 관찰하고 반응해주면서도, 서로를 위한 지지와 격려에 대한 신뢰를 잊지 않는다.

몸이 잠과 연인관계에 있다고 한 것도 이런 이유 때문이다. 몸과 잠은 서로의 기능과 역할에 대해 자세히 관찰하면서 각자가 잘 기능하도록 도와야 한다. 몸은 잠이 오는 시간을 잘 관찰하면서, 잠을 원할 때 "잠이 오는구나. 그래 잘 자. 자는 동안 내 꿈 꿔!"라고 인사해야 한다. 그리고 몸이 깊은 수면 속으로 빠져들도록 충분히 안정된 시간과 마음을 제공해줘야 한다. 눈이 감기고 수면은 이제 자신의 차례라고 말하는데, "아직 안 돼. 조금만 더 기다려."라고 밀어붙인다면, 우리 몸을 돕고 사랑하기 위해 찾아온 수면이 점점 자신을 잃어가고 만다.

잠이 올 때는 잠을 자는 것이 건강을 지키는 일이다. 연인관계처럼 오래 함께 기능할 수 있다. 잠은 몸이 더 건강하도록 돕는다. 몸이 성장할 수 있도록 돕는 배필과 같다. 잠이 오는데 무시하고 몸을 쓴다면 몸이 통증을 일으키며, 병을 불러온다. 잠과 몸은 서로 멀어지고 헤어진 연인관계처럼 고통에 휩싸이고 만다.

결국, 몸을 돌본다는 건 내 몸이 하는 소리에 귀를 기울이며, 몸의 모든 기능이 정상적으로 작동하고 서로 사랑을 나누며 관계할 수 있도록 해주는 것이다. 내가 그랬듯 몸이 지금 어떤 상태인지도 모르면서 갑자기 좋은 것을 잔뜩 넣어주며 "이게 나의 사랑이야."라고 말하는 것도, 또 그러다 갑자기 몸이 감당할 수 없을 만큼 많은 일들을 처리하라고 몸의 시계를 거스르며 몰아붙이는 것도, 결국 몸을 슬프게 만드는 일이 되고 만다.

나는 긴 시간 나를 몰아붙이는 삶을 살다 큰 사고를 당하고, 이제야 비로소 몸의 소리를 듣기 시작하면서… 부끄럽고 미안한 마음에 고개를 들 수가 없었다. 상처투성이인 몸은 언제나 나의 관심과 반응을 기다리고 있었다.

Part 3

몸과 연결된
마음과 삶에 대하여

몸에 새겨진 트라우마와
마주하기

1장

몸은 마음을 알고 있다

나는 잘 회복되었다고 생각했는데, 몸 안에는 사고 당시의 감정들이 똘똘 뭉쳐 있었다. 뭉쳐 있는 감정 하나하나를 만났다. 그리고 다시 한 번 깨닫게 된다. 이 모든 것은 내 몸속 어딘가에 숨겨둔다고 잊혀지는 게 아니구나, 하는 것을.

상처도, 사고도 이제는 내 삶의 한 조각

기온이 뚝! 떨어지면서 유독 오른쪽 귀밑에서 정수리까지 아프다. 이럴 땐 의지적으로 했던 걷기도 싫다. 통증을 따라 더듬어본다. 정확한 위치를 못 찾겠다. 다시 오른쪽 귀 아랫부분 원점에서 볼펜처럼 생긴 수지침 펜으로 살짝 눌러가면서 살펴봤다. 마치 어두운 밤길에 무선 이어폰을 떨어뜨렸을 때처럼 샅샅이 뒤지며 찾아나갔다. 통증이 심한 부분을 찾았다. 아픈 곳에 압봉 펜을 대고 지그시 눌러준다. 압봉을 올려만 놓아도 자지러지게 아프다. 그 아픈 곳에서 압봉 펜을 내려놓고 손으로 감싸며 가만히 머무른다. 그런데 몸이 아픈 그 자리에서 아지랑이가 피어오르듯 사고 당시의 생생한 현장이 스멀스멀 떠오르는 게 아닌가. 아무도 건드리는 사람도 없는데 눈물이 주르르 흐른다. 눈물은 내리는데 내 마음은 눈물을 거슬러 안으로 파고 들어간다. 내 마음이 이끄는 대로 한 걸음씩 내디딘다. 혹시나 했더니, 역시나 그곳이 맞다. 공포, 불안, 죄책감, 절망감, 원망이 그곳에 있다.

나는 잘 회복되었다고 생각했는데, 몸 안에는 사고 당시의 감정들이 똘똘 뭉쳐 있었다. 뭉쳐 있는 감정 하나하나를 만났다. 그리고 다시 한 번 깨닫게 된다. 이 모든 것은 내 몸속 어딘가에 숨겨둔다고 잊혀지는 게 아니구나, 하는 것을. 이 감정들은 오늘을 사는 현재에 달라붙어 생각지도 못한 결과를 초래했다. 사고로 인한 불안, 두려움은 세월이 흐르면 다 잊혀질 줄 알았다. 2년 동안 나름 몸을 치료하고, 마음을 잘 돌봤다고 생각했다. 아니었다. 내 몸과 함께 살고있는 불안, 사고의 공포감이 여전히 생생했다.

이 고통스러운 순간을 마냥 아파하기보다, 내게 아직도 이런 문제가 있다는 것을 알게 되는 계기로 삼았다. '다시 시작이다!' 사고의 순간도 이제는 내 삶의 한 조각이 되었으니까. 이 장의 제목처럼 몸은 이미 마음속 깊은 감정들을 다 알고 있었다. 당시의 공포 상황을 기억해두고 저장해둔 것이었다. 갑자기 추워진 날씨 탓이 아니었다. 머리가 무겁고 뻣뻣해지는 몸은 마음의 전령사였다. 마음이 우울하고 불안했던 이유를 이제야 알아냈다. 몸에게 고마움을 전한다. 몸은 내 마음을 잘 돌보라고 한다.

몸이 답을 말하고 있다

몸이 아픈 것은 마음의 아픔과 떼어놓을 수 없다. 몸은 마음을 통해 말하고, 마음은 몸을 통해 말한다. 나는 아픔을 통해 비로소 몸과 마음에 제대로 집중하고 귀를 기울일 수 있게 되었는데, 그러면서 어쩌면 처음으로 내 마음이 몸을 통해 하려는 말을 제대로 들어보게 되었다. 우리의 몸은 마음과 연결되어 있다. 그래서 아픈 몸은 마음의 고장 난 부분에 대한 신호이자 답이 된다. 몸이 아프면 마음에 병이 생기고, 마음이 아프면 몸에 병이 생긴다.

나는 내 몸을 치료하는 과정에서, 내면에 자리 잡은 불안과 어두움, 우울감 등과 마주하게 되었다. 그리고 질문했다. 이 모든 것은 어디서부터 시작되었으며 어디로부터 왔을까?

내 유년기 생활은 돌아보면 행복한 추억이 많았다. 집 앞으로 흐르는 실개천에서 둑을 막아놓고 물장구치며 놀았던 기억, 부추, 상추 등 채소를 따다가 가족들 반찬을 만든 기억, 반찬 만드는 일도 내게는 다 놀이였다. 봄에는 쑥 캐기, 여름에는 감이며, 오디를 따 먹는 놀이, 가을에는 누런 논밭에서 메뚜기 잡기, 미꾸라지 잡기, 논고둥 잡기 등 주변의 모든 자연은 내 놀이터여서 행복했다. 여름밤 마당에 멍석을 깔고 누워서 하늘을 보았던 그때 그 순간의 별들은 지금도 내 가슴에 그림처럼 새겨져 있다.

그런데 중학교 3학년 때 아버지의 병환으로 인해 생활에 변화가 컸다. 엄마가 주 경제원이 되시면서 나의 불안이 촉발되었다. 내가 필요한 것, 원하는 것을 충족하지 못하는 빈도가 늘어나면서다. 나 자신에 대한 정체성이 확립되기도 전에 아버지 걱정, 고생하시는 엄마 걱정이 컸다. 현실적으로 도움도 못 드리면서 내 삶은 위축되었다. 마을에서 학교까지는 편도 4km 정도였다. 등하굣길을 오가면서 선배들은 골목대장질을 했다. 나는 절대 따라다니거나 복종하지 않았다. 그러나 갈수록 사람들의 반응에 눈치를 보고, 하고 싶은 말을 솔직하게 표현하지 못하게 되었다. 남과 비교하는 열등감, 내가 한 일에 대한 평가에 따라 감정이 널뛰듯 했다. 혼자 다니는 일이 다반사였다. 부정적인 내 감정에 휘둘리는 게 싫어서였다.

청소년기 이후로 나는 자주 체했다. 심리상담 공부를 하면서 그 이유를 알게 되었다. 내가 자주 체하고 현기증이 났던 것은 마음의 스트레스가 장기화되면서 몸으로 드러나는 '신체화' 현상이었다. 이런 몸의 상태로 인해 나는 늘 예민해 있었고 자주 긴장했다. 불안에서 촉발된 긴장된 마음이 앞날에 대한 두려움을 함께 몰고 다녔다. 불안과 두려움의 원인은 각각 다르지만, 그 증상은 비슷하게 나타났다. 뇌 작동 원리에 따르면 두려움은 매우 반사적으로 반응한다. 이러한 반응은 생존을 위해 원초적이고 본능적으로 드러난다. 위험이 감지되면 싸우기 아니면 도망가기로 대처한다. 내 몸 안에 위험을 대처할 능력이 있다는 사실을 아는 것은 생존에 매우 중요한 정보다. 낯선 사람을 만나거나 처음 경험하는 것들에 대해 경계심을 두고 탐색하는 과정을 통해서 어떤 상황인지 그 감정을 의식하게 된다. 이러한 의식적인 인식은 결국 막연하게 두려웠던 상황을 파악하고 몸과 마음을 빠르게 이완시키기 위한 계획을 마련한다.

유년기의 불안과 두려움은 나의 성격과 인격 형성에도 영향을 미쳤다. 부모님의 질병과 가난, 결핍 등 열등감에 휘둘리면서 살았다. 그러나 이런 환경이 다 나쁜 영향만 미친 것은 아니었다. 나는 청소년기부터 마음이 불안해지면 밖으로 나가서 나무와 풀을 보고 만졌다. 그러면 불안이 조금은 이완되었다. 마음이 가라앉으면 왜 불안했는지 찾아보고, 분석하고, 대안을 찾았다. 이러한 성장 배경은 내게 필요한 것은 무엇인지, 내가 원하는 것은 무엇인지 스스로 생각하고 선택하게 했다. 스트레스 상황이 불쑥불쑥 튀어나오면 슬픔, 좌절에서 빨리 벗어나려는 탄성력을 일깨워 내 안에 단단한 근육으로 자리 잡게 했다. 이런 자생 환경훈련과 함께 뒤늦게 공부하게 된 뇌와 몸, 심리학 이론과 지식은 나를 회복시키는 데 큰 영향을 주었다.

바쁜 일정에 쫓기며 나에게 필요했던 건 하루 동안 힘겨웠던 내 몸을 위해 위로해주는 시간이었다. 내게 맞는 운동과 자연을 만나는 시간이 필요했고, 마음의 불안을 달래주던 자연과의 교감이 필요했다. 그렇게 피곤과 스트레스를 떨치고 다시 하루를 시작해야 했는데, 그것으로부터 멀어지면서 몸은 마음에 새겨진 불안감들을 다시 들추어냈다.

몸과 마음은 서로 긴밀하게 연결되어 있다. 누가 먼저랄 것도 없다. 몸은 마음을 잘 돌보고, 마음은 몸의 상태를 민감하게 살피고 반응하라는 것이다. 몸은 마음을 알고 있으니까.

2장

몸과 함께 사는 가족들

기억은 '내가 누구인가'를 말해준다.

네트워크화된 우리 몸의 구조

'몸이란 무엇인가'에 대해 생각해본 적 있는가. 너무나 당연히 안다고 생각했지만, 사실 한마디로 정의 내리지 못하는 것이 바로 '몸'이다. 실은 우리가 몸을 너무도 잘 모르기 때문이다.

70억 지구 인구 중 나와 똑같은 사람은 없다. 쌍둥이도 각각 몸이 다르다. 그래서 몸은 '유일한 나'다. 또한 몸은 사회적 관계를 맺고 그 영향을 많이 받는다. 남자로서의 몸, 여자로서의 몸으로 살아가는 것도 다르고, 첫째로 태어난 것과 막내로 태어난 것에 따라 사회적 관계도 다르고, 비장애인인가, 장애인인가에 따라서도 다르다.

우리 몸은 수많은 장기와 뼈, 근육, 뇌 등이 모여 네트워크를 이룬다. 각각 다른 기능을 하고 있지만 결국 '건강한 몸'이라는 공동 목표를 위해 기능한다. 우리 몸이 서로 연결체계 안에서 제 기능을 못 할 때 어떻게 될까? '질병'을 진단받게 될 것이다. 우리 몸의 각

구조물들이 제 자리에서 고유의 기능을 잘하고, 상호작용하기 위해서 우리가 해야 할 일이 있다. 바로 '마음 건강'을 챙기는 일이다.

서호석 차병원 정신건강의학과 교수는 과민성대장증후군, 위궤양, 천식, 고혈압, 편두통, 아토피 같은 많은 질환들이 정신적인 요인과 관계있다고 말한다. 이러한 정신과 육체의 관계로 인해, 모든 병은 마음에서 비롯된다는 기본 원리가 성립된다. 즉, 마음(정신적, 정서적 과정)이 신체(생리적 기능)에 영향을 미칠 수 있다는 것이다. 심신의학의 개념은 1918년 독일의 하인로트에 의하여 처음으로 제창되었고 초기에는 주로 신경증이나 히스테리와 같은 질병을 주요 대상으로 하였으나 점차 정신적 원인이 신체적 질환도 일으킬 수 있다는 개념으로 확대되었다.

오랜 시간 정신과 육체의 관계에 대한 연구는 계속되었다. 서양 초기의 철학은 몸과 마음을 구분하는 심신이원론에 기초했고, 몸을 중요하게 생각하지 않았다. 그리스 철학자 플라톤Platon은 몸을 '영혼의 감옥'이라 칭하며 이성을 방해하는 원천이자 위협으로 간주했다. 몸은 그 자체로 아무 독자적인 의미를 갖지 못했다. 몸은 정신·영혼을 위한 수단으로 생각했다. 동양은 몸과 마음을 별개로 보지 않고 하나로 보는 심신일원론을 주장했다.

인도철학에서도 몸과 마음을 서로 연결된 하나의 연결체로 보았다. 유교에서도 심신합일心身合一을 강조한다. 하지만 몸과 마음에 대한 이해는 크게 두 가지로 나뉜다. 하나는 몸보다 마음을 우선시하는 태도로, 마음은 몸의 주인이며 마음이 몸을 지배한다는 것이다.

마음을 바로잡기 위해 몸을 단련하는 수신修身의 철학은 이를 잘 나타낸다. 다른 하나는 앞의 주장을 인정하면서도 마음 못지않게 몸의 중요성을 강조한다. 이러한 이유로 인간의 욕망은 억제해야 할 대상이 아니라 자연스러운 현상이므로 이를 추구하기 위해서 몸을 구속하거나 통제해서는 안 된다고 한다.

근대로 넘어오면서도 '몸'에 대한 담론은 여전히 이성과 정신을 중시한다. 프랑스의 철학자 데카르트Descartes의 이원론은 이를 뒷받침한다. 그는 몸을 자연의 법칙에 작동하는 기계로밖에 여기지 않았다. 하지만 과학 발전의 영향으로 몸을 통제하고 규율할 수 있게 되면서 마침내 몸은 고유한 자기가치와 목적을 지닌 독립적인 실체로서 등장한다. 몸에 대한 인식의 가능성이 생겨나면서 몸 자체는 한 개인이 누구인지를 구성하는 핵심적 요소로 자리 잡게 된다. 독일의 철학자 니체Nitzsche는 "인간은 곧 몸이고, 몸이야말로 큰 이성"이라고 했다.

현대사회로 들어오면서 몸은 독립했지만 우리는 몸으로부터 자유로워지지 못했다. 동의대 김명혜 교수(신문방송학)는 《성균관대신문》에서 "자기 자신의 몸을 있는 그대로 받아들일 수 없다면 우리는 몸에 대한 강박증에서 벗어날 수 없다."라고 말했다. 몸에 대한 관리에 있어서 자신의 개성과 인격이 개입되어야 한다는 것이다. 즉 몸은 상품이 아니라 주체로서의 자기표현임을 잊지 말아야 한다. 우리는 바람직한 자신을 표현하기 위해 끊임없이 노력해야 한다. 있는 그대로의 자신의 몸을 사랑해야 한다. 우리 몸은 서로 연결되어 영향을 미치는 가족과 같다.

인간의 몸은 생물학적 존재를 뛰어넘어 역사를 일궈낸 사회적 실체다. 즉 몸의 역사가 바로 인간의 역사다. 몸에 대한 인식을 역사적으로, 사회적으로, 가족적으로 살펴보면 몸을 통해서 그 사회를 알 수 있다. 우리는 몸을 소중히 생각하여 매일 돌보고, 살펴보아야 한다.

우리 몸은 기억을 담는 텍스트다

몸이 곧 나의 역사라는 진실은, 몸이 망가지고 치료를 하는 과정에서 더욱 여실히 다가왔다. 나는 한동안 마음을 이용해 생리적 상태를 변화시킴으로써 몸과 마음 건강에 힘썼다. 명상요법, 심상요법, 향기·마사지 요법, 요가 등 다양한 훈련법을 통해 오랫동안 긴장되고 불안했던 마음을 달래주었다. 소외되었던 신체 곳곳의 구조물들이 하나둘 소리치며 돌봐주기를 기다리고 있었다. 나는 차근차근 그 하나하나에 귀를 기울이고 돌보기를 시작했다.

우리가 또 한 가지 더 기억해야 할 것은, 우리의 기억들이 뇌와 몸에 새겨진다는 사실이다. 역사는 지나온 시간들에 대한 기억이다. 우리는 살아오며 경험한 많은 것들(좋은 것부터 충격적이고 자극적인 것들까지)을 몸에 새긴다. 그리고 이렇게 몸에 새겨진 기억은 쉽게 변형되지 않는다. 몸에 새기는 기억은 생존에 근거하기 때문이다. 생존에 기초한 기억은 태어날 때부터 직감이라는 이름으로 위험감지 시스템에 내재된다. 그래서 생존에 위협을 느꼈던 그 순간은 시간이 흘러도 잊혀지거나 쉽사리 변형되지도 않는다.

그러나 살면서 맞닥뜨리는 두려움, 슬픔, 화, 등을 몸에 기록하는 것이 다 나쁜 영향만 주는 것은 아니다. 같은 사건, 상황을 경험해도 어떤 사람은 평생 그 사건으로 인해 죽을 듯한 고통 속에 살지만, 어떤 사람은 그것을 디딤돌로 삼아 예방적 삶을 전개해간다. 우리의 역사처럼 말이다. 잘못된 역사를 되풀이하지 않기 위해 노력하고, 그래서 기록이 필요하고 그 기록을 바탕으로 다른 삶을 선택하고 전개해나가듯 몸의 기억은 나를 살게 하기도 한다.

또 몸의 기억은 기쁨과 상처의 저장소이기도 하다. 기억은 형성되고, 변형되고, 사라진다. 거의 모든 기억은 환경을 겪으면서 생존에 영향을 주는 것에 대하여 이를 그대로 저장한다. 경험한 외부 정보를 바탕으로 새로운 사고를 하거나 기존 기억을 변형한다. 몸의 상처와 달리 뇌에 생긴 경험의 상처(기억)는 능동적으로 새로운 상(기억)과 기능을 만들 수 있다. 서울대 뇌인지과학과 이인아 교수에 따르면 우리가 잠에서 깨어나는 순간부터 이뤄지는 모든 운동과 행동은 기억에 의존해 이뤄진다는 것이다. 단순하게는 옷을 입고, 신발을 신는 방법부터 복잡하게는 집을 찾아서 돌아오고 직장이나 약속장소를 찾아가는 일 등 우리는 뇌세포의 기억 능력에 의존하지 않고서는 한순간도 생존할 수 없다. 그래서 기억은 살아남기 위해 만들어진 진화의 산물이라고 했다.

기억은 '내가 누구인가'를 말해준다. 정민환 카이스트 교수는 지금까지 쌓인 경험에 의해 인성과 세계관이 형성된다고 했다. 매일매일의 일상에서 경험한 것들이 쌓여서 내가 되기 때문이다. 기억은 나의 과거이자 미래이다. 기억은 과거, 현재, 미래를 잇는다. 나의 성격, 가치, 정체성을 이루는 기록 저장이기도 하다. 기억은 신경세포들의 연결이다. 기억은 소통과 공감의 원천이고 집단기억을 공유하는 자원이다.

또한 기억의 집은 내 몸에 인성으로 자리 잡고 있다. 어제의 경험으로 현재의 문제를 해결하는 관점과 방법이 적용되며 이는 곧 미래를 열어가는 인간의 인격을 만들어가기 때문이다. 이러한 선택의 기준에는 자신이 '어떤 사람으로 살 것인지'라는 자기 질문에 대한 정체성이 내포되어 있다. 강봉균 서울대 생명과학부 교수는 "기억이 없다면 나에게 어제란 없을 것이며 내일을 계획할 수 없기 때문에 미래도 존재하지 않을 것이다. 기억이 없는 나는 늘 현재에 머물게 된다."라고 했다.

우리 몸은 기억을 담는 텍스트다. 내 몸에 새겨진 기억들은 내 삶을 어떻게 살아가는가를 결정한다. 그러나 꼭 알아야 할 것은, 이 사실을 알게 된 순간부터 우리는 선택할 수 있게 된다는 것이다. 앞으로 남은 시간 동안 내 몸의 역사를 어떻게 어떻게 써나갈 것인지를.

사고와 함께 다가온 삶의 커다란 충격은 나의 몸에 잊히지 않는 강력한 텍스트를 남겼을 것이다. 되돌릴 수 없는 시간을 후회하는 대신, 과거와 현재와 미래를 잘 이어 디딤돌로 삼기로 결심한다. 우리 삶에 다가오는 자극은 내가 나를 잊어버리지 않고 돌보기를 바라는 사인들이라고 생각해본다. 그래서 감사함이 다시 회복된다. 몸과 마음, 그리고 몸 구석구석 자리 잡은 모든 장기와 기능들이 한 가족처럼 모여 서로를 사랑하고 아끼는 그림을 그려본다. 그 그림이 따뜻하고 행복하다.

3장

트라우마는 몸 안에
삶을 가둔다

나는 나를 사랑하기로 했다. 마치 두 살배기 어린아이를 대
하듯 무조건 공감하고 수용하고, 인정해주기로 했다.

내 몸의 기억, 삶의 그림

〈당근마켓〉에 노트북을 내놓았다.

"제가 사고 싶어요. 제 딸이 예쁘다며 꼭 사고 싶다고 하네요. 무조건 사러 갈게요. 어디로 가면 될까요?"

사랑하는 딸이 평소 사고 싶었던 거라며, 어떤 남자분(닉네임으로 짐작)이 말을 걸어왔다. 혼자 미소를 지으며 전달 장소를 알려주고 있는데 마침표 너머로 내 사춘기 시절이 스크린처럼 올라왔다.

나의 사춘기는 좋은 그림만큼이나 슬픈 그림으로 가득하다. 아버지가 많이 아프셨기 때문이다. 그때 우리 가족은 누구랄 것 없이 오직 아버지에게만 주의를 기울여야 했다. 각자의 욕구나 바람을 이야기할 여유도 없었다. 아버지의 건강이 어떤지, 기분이 어떤지… 그런 것만이 중요했다. 그런 시간 속에서 나에게 사춘기가 찾아왔다. 어린아이처럼 호기심과 모험심이 많았던 나는 이내 말수가 적어졌다. 주변에 있는 것들에 대한 호기심도 사라졌다. 혼자 고민하고, 혼자 선택하고 외로운 길을 걸었다. 아버지의 병환으로 인해 내 꿈은 드러내 보이지 못한 채 상실감에 휘둘리며 살았다. 지나치게 다른 사람의 눈치를 보며 민감하게 행동했다. 내 감정은 숨겨둔 채 다른 사람 기분만 살피는 모습으로 행동하는 경우가 많았다. 그런 날은 늘 집에 돌아오면 혼자 속상해서 울었다. 이런 날들이 오랜 시간 반복되면서, 나는 점점 감정을 알아차리는 힘을 잃어갔다.

시간은 내 마음을 몰라본 채 유유히 흘러갔다. 그리고 나는 어른이 되었다. 사춘기 시절에 하고 싶은 것들을 다 꾹꾹 밀어 누른 채 말이다. 그 채우지 못한 욕망과 상처는 불쑥불쑥 아버지를 떠올리게 했다. 아버지와 내 사춘기의 삶이 긴 꼬리를 달고 올라오곤 했다. 아버지와 그 슬픈 기억들은 사춘기 시절에 묶여 있다. 이처럼 정신에 지속적인 영향을 주는 강한 충격적 사건이나 정신적 상처, 경험이 몸에 저장되는 것을 '트라우마Psychological trauma'라고 말한다.

최근 뇌와 마음 관련 신경과학 분야의 연구가 활발해지고 있다. 안토니오 다마시오Antonio Damasio 외 몇몇 신경과학자들은 우리의 몸이 외부 정보에 자동적으로 반응한다는 연구결과를 발표했다. 우리 뇌는 일상생활 속에서 마주하는 대상과의 상호작용을 통해 비교적 안정적인 행동의 패턴이 만들어진다. 이 패턴을 통해서 이후에 감각 안으로 들어오는 정보에 자동적인 반응행동이 만들어진다. 특히 우리 뇌는 생애 초기 경험조각들을 결합하여 세상을 해석하고 바라보는 지도를 만들어낸다. 특히 충격적인 사건이나 나쁜 기억들에 대해서는 림빅시스템limbic system에서 빠르게, 먼저 반응한다. 일단 감당할 수 없을 만큼 충격적인 사건을 한번 경험했다면, 그 경험이 뇌에 기억되어 다음에 비슷한 상황이 되면 내가 원하지 않아도 뇌가 알아서 반응을 하게 된다. 심리학자 니코 프라자Frijda, 1986는 "감정은 몸의 문제다. 심장과 위장의 문제이고, 신체적 활동과 욕구의 문제다."라며 감정이 몸과 불가분의 관계가 있다고 했다.

이러한 자동적 반응은 인간을 포함한 대부분의 동물에게서 나타난다. 무엇보다도 그 반응은 움직임, 행동과 관련이 있다. 트라우마란 심리적 외상이다. 심리적 외상은 우리 뇌의 편도체와 해마가 충격적인 사고 당시의 사진을 그대로 담은 채 살아가게 한다. 트라우마 환자는 충격적인 외상 경험에서 느꼈던 감정 상태로 살아간다. 우리는 트라우마가 예측하지 못한 심각한 사건을 경험했던 사람들에게만 나타난다고 생각한다. 그러나 트라우마는 자신이 직접 경험했거나 다른 사람이 겪는 것을 경험한 경우도 있다. 사건이 크든 작든 모든 것은 트라우마가 될 수 있다.

따라서 트라우마란 어떤 방식으로든 내 몸에 새겨지는 삶의 그림 같은 것이다. 그리고 그 그림은 쉽게 지워지지 않는다.

오감 트라우마

사고 후 나는 몸에 안테나가 달린 듯 예민해졌다. 어제보다 잠을 조금만 못 자도 두려움을 느꼈다. 불편함 없이 관계가 좋았던 친구 사이에서도 소소한 것들에 민감하게 반응하곤 한다. 이렇게 마음이 불편한 게 싫어서 몸은 나를 방 안에만 묶어둔다.

요즘 자주 생각의 과정 없이 자동적으로 몸이 하는 일을 알아채며 놀라곤 한다. 자동적 행동은 자동적 사고에서 비롯된다. 자동적 사고는 외부자극에 대한 정보처리의 결과로 만들어진 인지적 결과물이다. 자동적 사고는 나의 감정과 행동에 큰 영향을 미친다. 내 몸에 저장된 기억들은 자동적 사고과 관련이 깊다.

나는 요즘 내 몸이 반응하는 것을 보면서 '내가 왜 이럴까?'라는 의문을 던지고 답을 찾기 위해 노력해본다. 우리의 몸은 시각, 청각, 후각, 미각, 신체감각을 통해서 들어오는 오감 정보의 상호작용에 의해서 만들어진다. 따라서 내 몸이 반응하는 이유를 찾으려면 이 오감의 반응을 들여다보는 게 중요하다. 오감은 외부 정보가 들어오는 감각의 길이다. 나는 여기에 센서등을 켜본다. 심리적 외상이 몸에 저장되었다면 내 감각이 오감 길을 걷는 동안 마주칠 수 있다고 생각해서다. 나는 순간순간 일어나는 일들을 오감으로 친절하게 반겨주며 마주쳐본다. 그리고 좀 더 함께 머물러본다. 멍하면 멍한 대로, 콕콕 찌르면 찌르는 대로, 슬프면 슬픈 대로 나에게 찾아온 오감과 함께해보는 것이다. 그리고 내 눈과 손, 발 등 나의 몸 각 부분들이 무엇을 기억하고 어떻게 반응하는지 살펴본다.

내 삶의 눈은 무엇을 기억할까.

첫 기억은 5살 때쯤 일이다. 마을 앞으로 흐르는 개울에서 물장구치며 놀다가 넘어졌다. 그래서 왼쪽 눈썹 끝을 뾰족한 돌에 콕 찍혔다. 피가 줄줄 흘러내렸다. 내 기억으로는 옷도 안 입고 그냥 울면서 내려왔다. 5살에게 피는 너무 무서웠다. 엄마께 들은 이야기지만 상처 부위가 깊고 표피가 말라서 꿰매는 것도 힘들었다고 한다. 그때 내 눈으로 본 피와 고통은 얼굴에 흉터를 볼 때마다 다시 생생하게 떠오른다. 기억을 분류하고 저장하는 측두엽의 편도체와 해마는 강한 공포감의 기억을 몸에 새겨버린 것이다. 많은 시간이 흘러도 몸은 기억하고 있다. 그때의 공포와 고통을.

내 손은 무엇을 기억할까.

나는 날카로운 칼 사용을 싫어한다. 고등학교 친구들이 우리 집에 놀러왔을 때다. 비빔밥을 만들 재료를 채 썰다가 왼손 검지가 칼에 베여 깊은 상처를 입었다. 순간적으로 베인 부분을 꽉 누르며 지혈을 시켰다. 그러나 그 순간의 공포감과 두려움은 오래갔다. 어른이 되어도 칼을 쓸 때면 그때의 기억과 함께 두려움이 엄습해온다. 칼 사용은 가슴을 답답하게 하고 바짝 긴장되게 한다. 일상의 트라우마가 안전에 대한 '조심'을 만들어냈다. 내 기억의 뇌는 이후에 칼을 사용할 때 좀 더 조심해서 안전하게 사용하라는 메시지를 강하게 기억하고 있다.

내 발은 무엇을 기억할까.

나는 바늘, 유리조각, 칼을 매우 무서워한다.

내 키보다 조금 더 높은 찬장에서 유리잔을 꺼내려다가 바닥에 떨어뜨려 산산조각이 난 적이 있다. 아끼던 유리잔이 깨져버린 아쉬움은 뒷전이고 유리창을 투과해서 들어오는 햇살에 비친 유리조각과 떠도는 먼지가 혼란스럽게 나를 한곳에 묶어버렸다. 한참 동안 가슴을 안고 서서 벌떡이는 심장을 잠재웠다. 그리고 조심스레 유리 파편을 쓸어모았다. 깨끗이 쓸고, 보드라운 걸레로 닦았다. 남아있는 유리 조각이 있는지 꼼꼼히 살펴서 치웠다.

그런데 부엌을 오가다가 발바닥에 뭔가 찔렸다. 가슴이 조여 오는 긴장과 두려움으로 주저앉았다. 피가 계속 흐르니 유리조각을 빼낼 수가 없었다. 흐르는 물에 피를 씻어내고 손톱깎이로 살짝 유리를 잡고 뽑았다. 아프고 피가 나도 유리를 뽑아냈다. 긴장이 좀 풀렸다. 그 후 나는 그릇이나 유리컵이 깨지는 것뿐 아니라 뾰족한 물건을 보면 가슴이 조이고 심장이 쿵쿵댄다. 발바닥이 오그라들고 실제 아픈 것처럼 느껴져서 그 방에서 한 발도 못 내딛곤 한다.

나는 아직도 내 몸의 기억 안에 갇혀서 산다. 잊은 듯 많은 세월이 흘러도 그때의 충격은 몸이 먼저 반응한다. 지금이라도 보살펴달라고 그때 그 순간 몸의 느낌은 자동으로 떠오른다. 그 충격은 오감 기억을 통해 단번에 몸이 즉각적으로 반응하게 한다. 기억 속의 비슷한 상황을 만나면 내 안의 나쁜 기억은 튀어나온다. 심장이 두근거리며 뛴다. 머리털이 주뼛주뼛 선다. 빨리 이곳을 피하고 싶지만 쉽사리 피하지도 못하고 서 있다. 내 마음대로 잘 조절되지 않는다. 때로는 별일도 아닌 것에 과민하게 반응한다. 몸에 새겨진 나쁜 기억들이 나를 휘두르고 있었다. 사소한 일상 스트레스도 조절되지 않는 감정에 오르내리며 기억에 사로잡혀 있다.

우리 마음 깊은 방에서 불쑥불쑥 소란을 떠는 나쁜 기억들, 오늘 일상에서 경험하고 있는 혼란과 고통들, 미래에 대한 두려움을 눈부신 햇살에 말릴 수 없을까? 마음의 창문을 활짝 열 수는 없을까? 내 몸의 나쁜 기억이 어딘가에서 신음하고 있다면 들을 수 있기를 바라본다. 나를 힘들게 하는 나쁜 기억들을 만나서 "얼마나 힘들었니?" "내가 도와줄게." "괜찮아."라고 달래주고 싶다. 불안과 고통의 기억을 손잡고 하나씩 밖으로 나오는 길을 안내해줘야겠다.

나는 나를 사랑하기로 했다. 마치 두 살배기 어린아이를 대하듯 무조건 공감하고 수용하고, 인정해 주기로 했다. 내 몸과 연애를 하기로 선택한 것이다. 이럴 줄 알았으면 연애 잘하는 법이라도 공부해두었더라면 좋았을 것을…. 하지만 지금부터라도 시작하기를 다짐해본다. 당장 친해지기가 쉽지 않다면 우선 편하게 말을 걸 수 있도록 자주 만나기라도 해보자고.

　먼저 무엇이 필요한지, 무엇을 좋아하는지 살펴보았다. 마음이 편한 사이가 되니 점점 더 질문도 많아졌다. 나는 오늘도 내 몸을 바라보며 "괜찮니?" "충분해!" "사랑한다."라고 말한다. 이전보다 더 예민하면서도 확실하게, 일상에서 만나는 나쁜 기억들 앞에서 의연하게 대처해나가는 나를 본다.

4장

몸은 삶의 교향곡을
울리는 지휘자다

삶은 사랑이고 때로는 폭풍우 같다.

그래도 살아 있음은 축복이다.

경직된 몸에게 주는 선물

다시 태어난다면 '지휘자'가 되고 싶었다. 연미복을 입고 지휘하는 모습이 멋있었고, 다양한 악기연주자들의 악단을 가장 아름답고 조화롭게 컨트롤하는 하모니가 좋았다. 각종 악기들이 다양한 소리로 조율이 끝나면 숨을 죽이는 침묵의 시간 끝에 지휘자의 지휘봉에 따라 악곡 연주의 준비가 시작된다. 그 고요함과 이어지는 다양한 악기들의 연주가 일제히 이루지는 그 순간의 짜릿함에 매료되곤 한다.

20대 때부터 카라얀의 교향곡 지휘에 매료되어 클래식을 자주 듣게 되었다. 교향곡과 심포니의 차이를 아는 것이 무슨 대수랴. 나는 그냥 교향곡을 들을 때면 가슴이 뻥 뚫렸다. 아주 작은 소리의 연주 순간에는 숨조차 멈추고 그 절묘한 연주에 온 신경을 집중했다. 클래식 음악을 들으며 몸과 마음이 편안하게 안정적으로 이완되는 것을 경험하면서 클래식 연주 애청자가 되었다. 라디오 FM 93.1에 고정 채널을 맞추고 들었다. 종종 듣고 싶은 CD를 사서 듣곤 했다.

20대부터 사서 모은 LP판, CD를 얼마 전에 이사를 하면서 다 버렸다. 살다 보니 다 무거웠다. 요즘은 유튜브를 통해서 듣고 싶은 음악을 들을 수 있어서 참 가볍고 좋다. 심지어 작업을 할 때도 클래식 음악을 들으면서 한다. 작곡가별, 지휘자별, 악기별, 계절별 듣고 싶은 대로 검색만 하면 다 들을 수 있다.

십여 년 전에 지휘를 배운 적이 있다. 광화문 근처의 한 교회 음악학교에서다. 지휘봉baton을 가지고 배우기도 했지만 대부분 몸과 손으로 하는 지휘를 배웠다. 좌우 뇌를 균형 있게 잘 활용하기 위한 훈련으로 왼손, 오른손이 서로 다른 동작을 하는 것을 연습하는데 바로 지휘가 그 훈련과 같았다. 오른손은 지휘봉으로 정확한 템포tempo를 젓고, 왼손은 강약·악상표현·호흡·정지 등의 역할을 맡아서 함으로 두 손을 같이 이용할 수 있다. 지휘를 배우면서 내 몸과 생각이 경직되어 있음을 알게 되었다. 팔과 손끝이 긴장되어 박자 젓기가 딱딱했다.

사고가 나면서 그때의 기억들이 떠올랐다. 팔과 손끝이 긴장되어 제멋대로 놀며 딱딱했던 그때처럼 내 온몸이 경직되게 느껴졌다. 오랜 시간 몸의 리듬을 잃고 놓아버렸다는 사실을 알아채고 무심한 나를 채찍질하기도 했다.

그리고 몸은 어느 순간부터 일기예보가 되었다. 날씨가 흐린 날이면 육체적으로 여기저기가 아프고, 슬슬 몸에만 함몰되어 불안감마저 들곤 했다. 그럴 때면 몸과 마음이 함께 흔들렸다. 몸과 머리가 따로 노는 것이다. 심신은 불균형을 이루었다. 머리로는 뭔가 해야 한다고 하지만 몸이 따라주지 않았다. 치료시간이 길어질수록 일을 하는 사회적 관계망에서 단절되어감을 느끼고 힘들었다. 이런 몸 상태는 마음까지 경직되게 만들어 여러 불신과 부정적 생각들을 몰고 왔다.

나는 그 생각들에 함몰되어 있고 싶지 않아, 척추 압박골절 치료에 대해 '어떤 의미와 방법이 있는가. 어떻게 투병생활을 해야 하는가' 집중적으로 찾아보기 시작했다. 사실 누구나 척추에 대한 질병 진단을 받으면 평생 동안 치료에 매달리게 마련이다. 그러나 의사에게만 맡기지 않고 내가 할 수 있는 일들에 대해 생각해보았다.

가만히 누워 검색을 해보면서, 수많은 척추질환 치료와 몸에 미치는 예후들을 접했다. 모두 신뢰할 만한 정보들인지 알 수는 없었지만, 한 가지 확실한 건 이 과정 동안 내가 어떤 행동을 하고 있는지 의식하게 되었다는 사실이다. 내가 가진 현실의 문제에 대해 좀 더 객관적으로 바라보고, 알고, 이해하고 대처하려는 나의 노력이 마음과 몸에 작은 위로가 되어주고 있었다.

건강을 회복하기 위해 혼자서 할 수 있는 여러 방법들이 있었지만, 오래된 기억을 끄집어내어 한 단어를 적어본다. '음악'. 음악은 몸과 마음을 동시에 이완하고 위로하고 돌봐줄 수 있는 좋은 도구다. 지휘를 하면서 처음엔 딱딱했던 손끝이 점점 부드러워지면서 뇌가 말랑해지고 몸도 훨씬 자유로워졌던 기억을 되새겨본다. 제대로

잘하고 있는가, 하는 것보다는 그저 음악에 몸을 맡기고 그 아름다
운 선율에 취해 기뻐했던 순간을 떠올려보는 것이다.

그리고 음악이 지금 상처받은 내 몸과 마음에 줄 수 있는 매우
좋은 선물이라는 것을 깨닫는다. 나는 그날부터 나의 하루를 음악으
로 깨우기 시작했다.

음악은 삶을 일으켜 세우는 에너지

시인 푸쉬킨의 〈삶이 그대를 속일지라도〉 노랫말이 떠오른다. 지난 2019년 8월에 코치합창단에서 이 노래를 불렀다.

"삶이 그대를 속일지라도/ 슬퍼하거나 노하지 말라./ 슬픔을 참고 일어서면/ 기쁨의 날이 오리니./ 삶이 그대를 속일지라도 노하거나 서러워 말아라./ 슬픔을 참고 일어서면/ 기쁨의 날이 오리라/ 마음은 미래에 살~고/ 현재는 한없이 우울해./ 하염없이 사라지는 모든 것들은/ 지나가 버리면, 지나가 버리면, 그리움으로 남네./ 삶이 그대를 속일지라도, 삶이 그대를 속일지라도/ 모든 것 참고 견디어 일어나/ 기쁨의 날 오리라./ 삶이 그대를 속일지라도, 삶이 그대를 속일지라도/ 슬퍼하거나 노하지 말아라./ 기쁨의 날, 기쁨의 날 반드시 곧 오리라./ 곧 오리라."

푸시킨이 모스크바 광장에서 한 소경 걸인을 발견했다. 한겨울인데도 걸인은 얇은 누더기를 걸치고 있었다. 그는 광장 구석에 웅크리고 앉아 벌벌 떨다가 사람들의 발소리가 나면 "한 푼 줍쇼, 얼어죽게 생겼습니다!" 하면서 구걸을 했다. 그에게 특별히 동정의 눈길을 보내는 사람은 없었다. 그러나 푸시킨만은 줄곧 그를 주의 깊게 지켜보다가 걸인에게 이렇게 말했다.

"나 역시 가난한 형편이라 그대에게 줄 돈은 없소. 대신 글씨 몇 자를 써서 주겠소. 그걸 몸에 붙이고 있으면 좋은 일이 있을 거요."

푸시킨은 종이 한 장에 글씨를 써서 거지에게 주고 사라졌다.

며칠 후, 푸시킨은 친구와 함께 다시 모스크바 광장에 나갔는데 그 걸인이 어떻게 알았는지 "나리, 목소리를 들으니 며칠 전 제게 글씨를 써준 분이 맞지요? 하나님이 도와서 이렇게 좋은 분을 만나게 해주셨나 봅니다. 그 종이를 붙였더니 그날부터 깡통에 많은 돈이 쌓였답니다. 그날 써준 내용이 도대체 무엇인지요?"

"별거 아닙니다. '겨울이 왔으니 봄도 멀지 않으리!'라 썼습니다."

사람들은 이 걸인을 보고 느꼈을 것이다. 지금은 혹독한 겨울을 보내고 있지만, 희망을 품는 사람이기에 도와줘야겠다고. 그래서 적선을 했을 것이다.

유튜브를 통해 다시 듣기를 한다. 음악을 들으며 생각한다. 슬프면 슬픈 대로, 아프면 아픈 대로 함께 걷는 삶의 교향곡을 연주하는 주인공이 되겠다고 말이다.

음악을 듣고 있노라 쇼스타코비치의 음악의 세계를 그린 줄리언 반스의 장편소설, 《시대의 소음》이 생각난다. 스탈린 정권의 눈밖에 나서 음악을 금지당하는 것은 물론, 언제 끌려갈지 몰라 매일 밤을 지새우는 남자. 친구와 동료도 은밀히 사라져가는 하루하루. 그는 그 암흑의 시대를 어떻게 견뎌냈을까?

삶의 특별하고도 내밀한 세부까지 포착해낸 이 작품은 예술을 뛰어넘는 권력의 움직임, 용기와 인내의 한계, 진실과 양심을 위협하는 음모를 탁월하게 그려내며, 우리 모두가 직면한 질문을 던진다.

저자는 쇼스타코비치를 자신의 영광이나 안전을 위해 체제와 타협한 기회주의자로서가 아니라, 치열한 내적 갈등 속에서 자신의 예술을 끝까지 추구한 인물로 그렸다. 쇼스타코비치는 생존에 필요한 최소한의 타협을 하면서도 자신의 예술적 신념은 포기하지 않는 지극히 어렵고도 험난한 길을 간 인물이었다. 그는 화려한 성공과 갈채에도 불구하고 평생을 인간적 갈등과 번민에 시달려야 했다. 삶을 지키기 위해 그가 택한 겁쟁이의 길은 결국 자신의 가족과 음악을 지켜내는 영웅의 길이었을지도 모른다. 작품은 제1차 세계대전부터 스탈린 사후의 소비에트 연방에 이르기까지 꽤 긴 세월의 여정 동안 쇼스타코비치의 삶을 따라간다.

음악은 삶을 일으켜 세우는 에너지다. 삶이 힘들고 어려울 때, 나는 책을 보거나 음악을 듣는다. 슬프고 힘든 고독의 시간을 통해서 나 자신을 극복해야 함을 알고 있다.

내가 알지 못하는 사이 나를 고통스럽게 하는 몸의 통증들은, 내가 살아있기에 느끼는 것임을 깨닫는다. 고통을 바라보는 내 마음을 '삶의 순간을 다 껴안아주기'로 노래하리라. 삶은 사랑이고 때로는 폭풍우 같다. 그래도 살아 있음은 축복이다. 햇빛을 받아 반짝이는 내 얼굴과 손을 쓰다듬어 준다. "미안하다." "고맙다." 하며 마치 노래를 부르듯 말해준다.

몸은 삶의 교향곡이다. 때로는 힘든 일이 있을지라도 어떠한 순간이든지 있는 그대로 노래한다면 어느 순간 그것은 거대하고 빛나는 하모니로 나를 아름답게 만든다.

Part 4

몸에게 살아가는 법 배우기

몸을 깨우는 10가지 방법

1장

몸 바라보기

슬픈 나에게 손을 내밀어 잡아주었다.

"괜찮아, 괜찮아. 사고였어."

마음과 몸에 상처로 피투성이가 된 나를 있는 그대로 꼭 안
아주었다.

바디스캔, 나를 읽는 시간

새벽에 잠을 깨면 숨 쉬는 나를 본다. '아, 숨을 쉬고 있구나.' 숨이 들어오고 나가면 나에게 눈짓을 보낸다. "안녕, 보고 싶었어." 나도 대답한다. 사랑하는 사람에게 보내는 눈빛으로 몸을 바라본다. 바라보면 알게 되고, 알면 사랑하게 된다. 내 발가락에 굳은살 흉터가 이렇게 많이 나 있는 줄 몰랐다. 사회 초년생 때 예쁘게 보이려고 내 발 크기보다 약간 작은 구두를 신었던 적이 있다. 작은 구두 안에 갇혀서 고통스러웠을 발가락. 학창시절에는 양쪽 시력이 1.5였는데 눈은 어느새 마이너스 시력이 되어버렸다.

몸 바라보기는 몸을 사랑한다는 뜻이다. 내가 가장 좋아하는 바라보기는 바디명상, 내장감각의 균형감, 몸을 통한 사유의 인문적 통찰이다. 세 가지 모두 나를 치유와 성장으로 이끄는 통로가 되었다.
먼저, 바디명상이란 몸의 구석구석 신체 부위를 바라보며 몸과 마음의 근육들을 이완시키는 '바디스캔'을 말한다. 내가 바디스캔을 시작하게 된 것은 교통사고 후 불면증으로 고통을 받던 2019년부터다. 밤에 잠을 자기 위해서 낮에 졸려도 참고 주변을 걸으며 잠을 아껴두었다. 그러나 소용없었다. 몸이 피곤해도 밤에 잠이 들지 않았다.

답답한 마음에 수면에 대한 정보를 찾기 시작했다. 유튜브 검색창에 '수면'을 클릭했다. 수면 관련 동영상이 이렇게 많을 줄이야. 그중 미국 하버드대 앤드류 와일Andrew Weil 교수가 개발한 '478호흡법'이라는 게 있었다. 478호흡법은 4초간 숨을 들이쉬며 폐 깊숙이 숨을 채운 후, 7초간 멈추었다가 8초간에 걸쳐서 천천히 내쉬는 방법이다. 478호흡법은 호흡의 리듬을 안정되게 하여 스스로 자게 하는 원리다. 잠들기 전에 깊은 호흡과 함께 바디스캔을 하면 불면증에 걸린 사람들도 잠드는 효과가 있다고 하여 시작했다. 이러한 노력은 불안과 혼란 속에서 잠을 설쳤던 나에게 몸을 바라보게 했다. 이제 몸 바라보기 명상은 내 일상의 루틴이 되었다.

이 경험의 반복은 얼마 전부터 나를 11시경에 자고 아침 5시에 눈을 뜨게 했다. 참 신기했다. 그 시간에 꼭 화장실에 가고 싶도록 몸이 잠을 깨우는 것이다. 눈을 뜨자마자 저절로 나오는 감사와 기도! "오! 하나님, 감사합니다."

화장실에 다녀온 후 누워서 5분간 몸을 바라본다. 머리끝부터 발끝까지 이름을 부르며 바라본다. 일명 '바디스캔'이다. 내 몸의 이름을 부르고 가만히 3초 동안 주의를 기울인다. 몸 전체를 바라보는 시간은 5분 정도다. 다시 일어나 의자에 앉는다. 사고 후 아직 바닥에 앉는 것은 무리다. 어깨를 내리고 최대한 몸에서 힘을 뺀 다음 등받이에서 등을 약간 떼서 앉는다. 불편한 곳이 여기저기 느껴진다. 긴장과 눌림으로 비틀어져 있는 몸을 바라본다. 입꼬리를 살짝 올리고 미소 띤 얼굴로 지그시 눈을 감는다. 마음은 어느새 숨길을 따라가며 호흡에 집중한다. 딱딱했던 몸이 따뜻해진다. 그 온기가 몸을 타고 긴장되었던 몸과 마음을 이완시킨다. 내 몸에 생명력이 연둣빛으로 피어나는 듯하다. 몸으로부터 오는 자각이다.

그동안 외면하고 살았던 몸의 흐름에 잠시 주의를 기울인다. 내가 몸을 머리끝부터 발끝까지 바라보는 동안 신체 부위마다 기억이 올라온다. 그 기억은 때로 나를 묶어두거나 숨어버리게 했지만 숨을 크게 쉬고 묶인 나를 토닥이며 안아준다. 특히 목 뒷부분 경추와 어깨는 뻐근하게 통증이 느껴진다. 그곳에 오래 머물러 바라보니 너무나 애썼을 목과 어깨에게서 연민이 올라온다. 두 손을 힘차게 비벼서 따뜻하게 감싸며 마음을 보낸다. '그래, 정말 애썼어. 천천히 가도 괜찮아. 이미 너는 충분히 열심히 잘 살아왔어.'라고 나를 인정하며 품어준다.

그렇게 몸과의 만남은 나에게 새로운 일상이 되었다. 갈수록 몸에 대한 민감도가 높아진다. 무엇보다 숨 쉴 수 있음에 감사하다. 내 속에 밤새 들락거렸을 숨이 눈을 뜨면서 비로소 지각하게 된다. 밖에서 들어온 공기가 내 속에서 무슨 일을 하고 나가는지는 궁금하지 않다. 오로지 "숨이 잘 나가고 있구나."라고 나에게 속삭인다. 몸만 바라보는 시간을 잠시 가진다. 몸을 바라보면 때로는 우울하기도 하지만 고요히 머물러 바라보니 새로운 생각이 창조된다. 바로 '잘하고 있다'는 긍정에너지다. 몸 바라보기는 좋은 경험의 기회가 되어 현실로 솟아오른다. 바라보면 몸에 대한 감각이 예민해진다. 몸이 잔뜩 긴장하고 있다가 사르르 풀린다. 그리고 에너지가 흐르기 시작한다. 우리는 이러한 상태를 이완이라고 한다.

몸을 바라보면 인문적 통찰이 생긴다

"아무것도 하지 마세요. 숨을 통제하려고도 하지 말고, 숨을 특정한 방식으로 쉬려고도 하지 마세요. 그것이 무엇이 됐든. 그저 지금 이 순간의 실체를 관찰하기만 하세요. 숨이 들어오면 지금 '숨이 들어오는구나.' 하고 자각할 뿐입니다. 숨이 나가면 '지금 숨이 나가고 있구나.' 하고 자각할 뿐입니다. 그리고 초점을 잃고 정신이 기억과 환상 속에서 방황하기 시작하며 지금 내 정신이 숨에서 멀어져 방황하는구나. 하고 자각할 뿐입니다."

유발 하라리의 《21세기를 위한 21가지 제언》의 명상편에 나온 말이다. 유발 하라리는 명상의 본질에 대해 "그냥 단지 현실을 있는 그대로 바라보고 받아들이라"고 했다. 그는 자신이 명상을 통하여 정신적 균형감각을 길렀고, 《사피엔스》나 《호모데우스》 같은 책을 쓸 수 있었다고 말했다.

몸 바라보기는 내장감각의 균형감을 일깨워준다. 균형감각은 생각과 감정을 조절하게 한다. 감각이 깨어나면 특정 신체 부위의 고통이 감지된다. 내 몸 어디엔가에서 두려움으로 갇혀 있는 감정의 문을 열어본다. 감정이 밖으로 나가는 길이 열린다는 것은 원활한 몸의 내장감각 시스템이 잘 흐른다는 의미이기도 하다. 그동안 막연하게 불안했던 마음은 잠깐씩이라도 눈을 감는 순간부터 안정감을 되찾기 시작한다. 외부로만 주의를 기울였던 시선이 내면으로 향한다. 외부로 향했던 마음을 쉽게 내면으로 집중하는 감각이 바로 '내장감각의 균형감'이다.

눈을 감고 한쪽 다리를 들고 서 보았는가. 얼마 지나지 않아 몸은 이리저리 흔들리며 기우뚱거릴 것이다. 그러나 눈으로 들어오는 정보를 차단하고 마음의 눈으로 몸을 바라보는 순간부터 곧 마음은 차분해지기 시작한다. 때로는 넘어지기도 하지만 곧 몸의 균형을 잡을 수 있다.

요즘 자주 머리가 무겁다는 느낌을 받았다. 아픈 곳은 사고 때 타박 충격이 심했던 우측 옆머리 측두엽과 뒤통수 머리 후두엽에서 앞이마 전두엽까지였다. 무거운 통증이 있는 곳에 주의를 모았다. 아무 말 없이 아픈 곳을 마음의 눈으로 바라보았다. 의식을 그곳에 온전히 집중했다. 그곳에서 잠자던 기억들이 아른거렸다. 꼬물꼬물 감정들이 머리를 들고 일어났다. 바라만 보고 있는데 가슴이 답답해졌다. 뭘까. 무엇이 답답하게 할까.

사고현장의 구급차 소리가 들렸다. 웅성거리는 사람들이 혼란스럽게 눈앞을 꽉 막았다. 나를 구하러 달려온 사람들이 내 감각 안으로 느껴졌다. 더 오래, 더 깊이, 더 조용히 바라보는 동안 의식의 흐름 끝에는 언제나 상처가 보였다. '그랬구나. 심장이 쿵쾅대는구나. 무섭구나.' 인정해주었다. 지금 내가 있는 공간이 어떤 곳인지 확인시켜주었다. '천장으로부터 약 2미터, 우측 벽으로부터 약 1미터 50센티, 좌측 벽으로부터 5미터, 뒤쪽 벽으로부터 약1미터, 앞쪽 벽으로부터 약 3미터 떨어진 안전한 공간이라고. 괜찮다. 안전하다.' '얼마나 놀랐을까.' 그 사고 자리에서 부들부들 손을 떠는 내가 서 있다. 슬픈 나에게 손을 내밀어 잡아주었다. "괜찮아, 괜찮아. 사고였어." 마음과 몸에 상처로 피투성이가 된 나를 있는 그대로 꼭 안아주었다. 얕고 거친 숨소리가 더욱 연민을 느끼게 했다. 따뜻한 체온이 연결되었다. 아픈 곳의 묵직한 통증 위로 조금씩 흐름이 느껴졌다. 그 흐름의 자각이 선명해지는 정도에 따라 통증도 사라져 갔다.

몸을 바라보면 인문적 통찰이 생긴다. 몸은 정말 우주처럼 각 위치에서 상호 긴밀한 연결체계로 움직인다. 우주가 수성, 금성, 지구, 화성, 목성, 토성…. 한 치의 오차도 없이 질서 있게 움직이듯이 우리 몸의 내부에서도 에너지 순환이 일어나고 있다. 몸은 뇌와 가슴, 복부, 다리 발끝까지 각 기관으로 에너지가 순환된다. 뿐만 아니라 외부 우주와도 서로 연결되어 있다. 몸을 살리는 호흡, 빛, 먹을 음식들이 동식물과도 다 연결되어 있다. 몸은 외부세계와도 순환한다.

먹은 음식이 소화되고 찌꺼기는 배설되어 자연으로 흘러간다.

내 몸이 잘 돌아가는지 몸의 내부로 다시 집중한다. 내장기관 깊숙이 구겨져 있는 장기를 바르게 펴주는 내면의 바른 자세에 주의를 기울여본다. 그곳으로 생명의 숨이 깊게 들어오고 나간다. 호흡과 몸이 신체감각에 연결되는 순간이다. 내 몸은 조금씩 나와 마주치는 열감을 느껴지기 시작한다. 이 열감을 위에게 흘려보낸다. 명치 부근에서 살짝 왼쪽 아래가 딱딱하게 느껴진다. 손을 비벼서 따뜻한 손으로 쓰다듬고 만져준다. 이처럼 몸과 마음이 연결되는 듯한 순간은 내 삶에 희망을 주었다. 즐거운 경험이다.

아픈 감정을 만나면 더 이상 무엇인가를 하려고 애쓰지 않고 꼭 안아준다. 몸 바라보기를 통해 몸이 편안해짐을 새롭게 경험한다. 몸의 각 부분들이 있어야 할 곳에서 기능하고 있는 내 몸의 감각에게 감사를 전하며 꼭 안아준다.

2장

몸의 소리 경청하기

인간이 몸의 소리를 듣는 행위는, 몸을 치유하고 다스리는 데 있어 매우 중요한 작용을 한다.

몸에서 나는 소리를 듣는다는 것

 아기는 특히 소리에 민감하다. 이웃집 아주머니가 아기의 이름을 부르면 잠시 돌아볼 뿐 금세 주위를 두리번거리며 산만해진다. 하지만 저 멀리서라도 엄마의 소리가 들리면 그곳을 뚫어지게 바라본다. 소리 너머로 보이는 엄마의 모습에 아기는 울음을 터뜨린다. 이 시기의 아기는 청각이 발달하면서 큰 소리가 나면 깜짝 놀라 울기도 한다.

 1980년 미국 노스캐롤라이나대의 심리학 연구팀이 신생아의 행동 반응을 관찰하며 아기의 기억에 대한 실험을 한 적이 있다. 신생아 때부터 젖꼭지를 빠는 속도를 조절할 수 있다는 점에 착안해, 연구진은 아기가 젖꼭지를 빨리 빨 때는 엄마의 목소리를 들려주다가 느리게 빨 때는 낯선 여성의 목소리를 들려줬다. 그랬더니 생후 3일 이내의 신생아도 엄마의 목소리를 듣기 위해 젖꼭지를 빠는 속도를 조절한다는 게 관찰됐다. 신생아도 엄마의 목소리와 낯선 목소리를 구분한다는 이 연구결과는 아기가 뱃속에서 듣던 익숙한 소리를 기억하고 있음을 보여주는 것이었다.

우리는 소리에 예민한 아기에서 소리가 의미하는 것을 이해하는 어른으로 성장한다. 우리가 감지하는 소리들은 마치 생명이 있는 것처럼, 그것이 주는 의미를 해석하게 한다. 특히 우리 몸에서 나는 소리들은 내 생명에 있어 중요한 의미를 지닌다.

예를 들어, 조용한 도서관에 공부를 할 때 배에서 '꼬르륵' 소리가 나서 당황스러웠던 적이 있을 것이다. 나의 경우, 그 소리를 들으면 괜히 배도 안 고픈데 뭔가 먹어야 할 것만 같다. '뭘 먹지?' 생각하기도 전에 지하 1층 매점으로 향하는 나를 발견하곤 한다. 이렇게 장기에서 소리가 나는 것은 건강하게 장기가 움직이고 있다는 증거다.

우리 몸에서는 다양한 소리가 난다. 의식하지 않아도 살아 있다는 증거로 소리를 낸다. '꼬르륵' '뿡' '뿌루룽' 방귀소리, 귀에서 '윙' 하는 소리, 무릎에서 삐걱거리는 소리, 심장이 쿵쿵대는 소리, 거친 숨소리, 코막힘 소리…. 이처럼 내 몸이 내는 소리로 건강 상태를 감지할 수 있다.

《소리의 과학》을 쓴 저자 세프 S. 호르비츠에 따르면 동물들의 오감 중에서 가장 보편적인 감각은 바로 청각이라 한다. 진화와 생존을 놓고 볼 때 청각은 가장 보편적이고 빠른 감각이다. 소리는 지구상에서 생명체가 사는 환경을 조성하고 우리 신경의 시냅스를 형성하는 데 엄청난 영향을 미치면서 생명의 진화와 발달을 계속 이끌어가고 있다.

이 지구상에 소리가 존재하지 않는 곳은 없다. 인류와 생명체들은 소리를 통해 세상의 정보를 파악하고 포식자들을 피해 생존하면서 진화해왔다. 이처럼 청각은 우리에게 핵심적인 감각임에도 불구하고 다른 감각에 비해 무시되어왔다. 자연계에 존재하는 생물들을 보자. 수중 동굴 속 빛이 닿지 않는 곳에 사는 동굴 속 물고기나 진흙 강바닥에 사는 인더스강 돌고래는 시각이 거의 없다. 후각이 제한적인 동물도, 미각이 제한적인 동물도 많이 존재한다. 하지만 청각이 없는 동물은 없다.

청각은 항상 켜져 있기에 24시간 내내 작동하는 경보 시스템이며, 환경의 변화를 즉각적으로 감지해낸다. 포식자의 접근을 인지하는 데 청각만큼 빠르고 유용한 감각은 없다. 가장 원초적 감정이라고 할 수 있는 놀람과 두려움의 경우 소리가 얼마나 영향을 지대하게 끼치는가? 공포영화나 전쟁영화를 볼 경우 음향 효과가 얼마나 중요한가? 공포 순간에 끼치는 으스스한 음향과 총알이 빗발치는 소리도 얼마나 놀랍고도 소름 끼치는 자극을 주는지 말이다. 온갖 소음들로 가득한 연회장에서도 친한 사람의 목소리는 금방 알아채는 것도 청각이 지닌 우수한 능력 때문이다.

그래서 인간이 몸의 소리를 듣는 행위는, 몸을 치유하고 다스리는 데 있어 매우 중요한 작용을 한다. 우리는 이처럼 뛰어난 청각을 소유하고도 정작 내 몸의 소리를 듣지 못할 때가 대부분이다. 나 역시 끔찍한 교통사고가 난 후에야 몸의 소리를 듣기 시작한 것만 보아도 알 수 있다. 모든 생명체는 생존에 민감하게 반응하니까.

그러나 그런 위기의 순간이 닥쳐오기 전에 몸의 소리에 귀를 기울여보라고 강조하고 싶다. 이는 생존을 아름답게 이어나갈 수 있는 좋은 방법이니까. 그 누구도 죽음 위기의 상황에서 들었던 소리들을 다시 듣고 싶지는 않을 것이다. 몸은 그 순간의 소리를 기억한다. 사고 당시에 났던 소리와 비슷한 소리만 들어도 위기 상황에 처한 것처럼 반응하게 된다. 물론 그것은 결코 유쾌하지만은 않다.

몸을 돌보기 위한 첫 번째가 몸을 있는 그대로 바라봐주기였다면, 다음으로 해야 할 일은 몸의 소리에 귀를 기울이는 일이다. 우리의 발달된 청각을 곤두세우고 몸이 살아 있음으로 내는 소리들에 귀를 기울이면 내 몸이 무슨 말을 하고 있는지, 어떤 메시지를 전하고 싶은지 들리기 시작한다. 이것은 내 몸을 챙기기 위한 매우 중요한 단계다.

3장

몸 향기 맡기

몸이 하는 소리를 듣는 것만큼 우리 몸이 주는 '나만의' 냄새
들에 후각을 열어 느껴보는 것은 매우 중요하다.

나만의 냄새를 기억하기

나이가 들어서인지는 모르나 아침에 일어나면 괜히 입 냄새가 나는 것 같아 불쾌하다. 얼른 양치질을 하지만 이런 냄새의 경험은 사람들과 가까이에서 자연스럽게 말하는 것에 소심하지게 한다. 자꾸 입을 가리거나 멀리 떨어져서 말하게 된다.

문화체육관광부 국립국어원에 따르면 '향기'는 '꽃이나 향수' 따위에서 나는 좋은 냄새이고, '냄새'는 '코로 맡을 수 있는 온갖 기운'이다. 이런 관점으로 본다면 냄새가 향기를 포함한다고 볼 수 있다. 냄새란 휘발성 유기화합물이 사람의 콧속에 많이 분포하는 후각세포를 자극해 뇌로 전달하는 일종의 신호다.

꽃마다 다른 향기가 있듯 사람에게도 향기가 있다. 지금 곁에 계시지 않지만 아버지 향기, 엄마 향기, 사랑하는 사람의 향기는 뇌가 바로 기억의 샘에서 그 향기를 퍼 올려낸다. 이러한 사람 몸에서 나는 체취(냄새)는 사람의 몸 안이나 밖에서 살고있는 각종 미생물과의 상호작용에 따라 달라진다고 한다.

세계에서 가장 앞선 향기연구를 진행하고 있는 나라는 미국이다. 필라델피아의 모넬 화학 감각연구소의 연구에 따르면, 타인의 체취를 통해 그 체취의 주인공이 어떤 감정을 느끼는지를 유추할 수 있다고 한다. 냄새를 통해 상품 구매 욕구를 높이는 등 기분을 조절하는 데 활용할 수 있다는 연구결과들도 있다.

냄새는 몸에서 나는 체취뿐만 아니라 그의 내면에서 나오는 향기가 있고, 때때로 문학적일 때도 있다. 프랑스 작가 마르셀 프루스트의 소설 《잃어버린 시간을 찾아서》에서 주인공 마르셀은 홍차에 적신 마들렌 과자 냄새를 맡으며 어린 시절을 회상한다. 이러한 현상을 '프루스트 현상'이라고 한다. 과거에 맡았던 특정한 냄새를 통해 당시의 기억을 떠올리는 것이다. 이런 현상을 따라 문학·심리학·뇌과학 등 다양한 분야에서 냄새를 저장하거나 재생하려는 시도도 잇따르고 있다.

나는 냄새에 민감하다. 그래서 매일 머리를 감는다. 매일 목욕을 한다. 이런 행동은 냄새뿐만 아니라 낮의 피로회복과 혈액순환을 생각하면서 하는 습관이다. 목욕을 하고 수분이 채 마르기 전에 로션을 바르며 몸을 만난다. 몸을 자세히 관찰하며 탐색하는 명상의 시간이다. 이마에 파인 주름 골짜기를 따라 내가 고민하고 애썼던 지난 역사가 올라온다. 가만히 쓰다듬으며 "애썼다." "수고했다." "사랑해."라고 속삭이며 스킨십을 한다. 몸은 미소 짓는다. 나만의 향기로 피어난다. 내 몸의 역사를 소중히 여기는 시간에 '목욕'이라는 의식으로 '나의 향기'를 가꾸어간다. 비록 인공적인 향기가 첨가된 의례이지만 손과 몸이 만나고, 눈과 몸이 만나는 시간이 점점 소중해진다.

우리의 세포들은 계속 죽고 재생하기를 반복한다. 그러나 시간이 흐르고 노화가 되면서 죽는 속도보다 재생이 되는 속도가 느려지게 될 것이고, 그러면 우리 몸에선 예전과 다른 불쾌한 냄새들이 자리할지도 모른다. 그 냄새들은 나를 어떻게 돌봐주어야 할지 민감하게 느끼게 하고, 방법을 찾게 만들어줄 것이다.

몸이 하는 소리를 듣는 것만큼 우리 몸이 주는 '나만의' 냄새들에 후각을 열어 느껴보는 것은 매우 중요하다. 내 몸의 세포들이 잘 살아가고 있는지, 냄새는 각각의 강렬한 아이덴티티를 통해 메시지를 전해온다. 마치 '나 여기 있어.' '나 오늘도 잘 살아나고 있어.' '나는 죽어가고 있어.' 등등의 메시지를 생동감 있게 전해오는 듯하다.

아픔을 겪은 이후 내 몸의 냄새들에 더욱 예민하게 반응하면서, 나는 나만의 냄새를 기억하고 새기기 위해 노력한다. 이 냄새들의 변화들이 내가 내 몸을 돌보고 안아주는 데 큰 가이드 역할을 해줄 거니까.

몸은 마음을 알고 있다.

4장

몸 안아주기

샤워를 하며 낮 동안의 피로와 복잡한 감정들에 얽힌 몸을 손이 쓰다듬는다. 비누를 몸 곳곳에 펼치면서 스킨십을 한다. 몸과 손이 만나는 그 촉감은 새로운 마음을 만들어낸다.

나를 안아주는 최고의 시간

인간은 태어날 때부터 촉감을 경험하며 탄생한다. 아기는 엄마의 자궁을 벗어나 세상으로 분리되어 나오자마자 사람의 촉감을 통해서 안정감을 느낀다. 분만실에서 태어난 아기를 곧바로 산모에게 보여주고 엄마의 젖가슴에 닿게 하는 것도 이 때문이다.

신체적 접촉이 인간에게 미치는 영향에 대한 연구는 이미 널리 알려져 있다. 1990년대에 신체적 접촉이 인간의 발달 과정에 얼마나 큰 영향을 미치는지를 보여준 다수의 연구가 발표되었다. 그중 대표적인 것이 생애 초기에 신체적 접촉을 거의 경험하지 못했던 루마니아 고아원 아이들에 대한 실험연구이다. 신체적 접촉이 없었던 아이들은 충분한 두뇌 발달이 어려웠고 인지적, 행동적 결함을 보인 경우도 있었다. 성인의 경우에도 신체적 접촉이 건강과 생명에 중요한 영향을 미친다는 사례들이 있다. 신체적 접촉은 세상에 대한 정보를 주며 타인과 친밀한 교감을 할 수 있게 한다.

신체적 접촉은 아이와 어른 모두에게 심박수를 떨어뜨리고, 혈압과 스트레스 호르몬인 코르티졸의 수치를 낮출 뿐만 아니라 면역력을 높여준다. 사랑할 때 나오는 '옥시토신'이라는 일명 '사랑호르몬'이 있다. 친구들과 껴안고 반려동물을 쓰다듬을 때마다 우리 몸에서는 옥시토신이 분비된다. 이 옥시토신은 우리를 건강하게 만들고, 타인에게도 긍정적 영향을 미친다.

코로나19 팬데믹으로 사람과 사람 사이의 접촉이 급격히 줄어들었다. 한때는 허그 열풍으로 낯선 사람들끼리 안아주기도 많이 했지만, 지금은 상상도 할 수 없는 일이다. 우리는 보통 '안아주기'나 '접촉하기'를 떠올리면 서로 다른 둘 혹은 그 이상의 사람들이 함께 있어야 가능한 거라고 생각하는데, 그렇지 않다. 우리는 언제나, 나만의 방식으로, 내가 원하는 대로 나의 몸을 쓰다듬고 안아줄 수 있다.

나는 매일 저녁 샤워를 할 때 하는 의례가 있다. 바로 내 몸을 안아주고 쓰다듬어주는 것이다. 샤워를 하며 낮 동안의 피로와 복잡한 감정들에 얽힌 몸을 손이 쓰다듬는다. 비누를 몸 곳곳에 펼치면서 스킨십을 한다. 몸과 손이 만나는 그 촉감은 새로운 마음을 만들어낸다. 이러한 매일의 의례로 마음밭을 가꾼다. 잡초를 뽑고, 꽃을 본다. 내 마음 밭에 맑은 바람이 불고 나비가 춤추고 새가 지저귄다. 그럴 때면 몸도 마음도 점점 풍요로워짐을 느낀다.

안아주기를 하면서, 마음을 가꾸는 것에서 나아가 마음밭에 다른 풀과 벌레들도 함께 살 수 있도록 수용하고 인정한다. 유연성과 포용력을 가지겠다는 생각도 품어본다. 내 몸의 안과 밖을 넘나들 수 있는 문을 열고 닫을 때가 언제인지도 생각해본다. 이 모든 것이 내 인생의 정원사가 되는 의례다. 몸의 각 기관들이 그 기능을 잘 하도록 따뜻하게 안아주는 몸짓. 몇 분에 걸쳐 이루어지는 이 의례가 내 몸을 더욱 생기 있게 만들어준다.

타인과의 스킨십이 사랑을 샘솟게 하고 옥시토신을 분비하게 하는 것처럼, 내가 나의 몸을 돌보아주는 과정에서도 긍정 에너지는 폭발한다. 내가 나를 깊이 사랑하고 보듬고 있음을 느낄 때 우리 몸과 마음은 안정감과 행복감을 느낀다. 그동안 외면하며 돌보지 못해 입었던 상처를 비로소 치유하고 나를 용서할 마음을 내어준다. 스킨십은 나와의 진정한 화해이며 사랑을 확인하는 소중한 시간이다.

이젠 이 시간이 없는 날을 상상하기가 어렵다. 아이러니하게도 사고라는 커다란 충격이 나를 여기까지 데려다놓았다. 감사는 가장 아이러니한 순간의 통찰에서 비롯되기 마련이다. 이런 생각이 들 때 나를 더욱 으스러지게 안아본다. 다시는 홀로 내버려두지 않겠다고, 더 깊고 따뜻한 스킨십으로 매일 너를 돌보겠노라고 진심 어리게 속삭여본다.

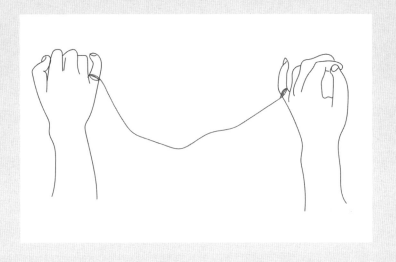

인간의 몸은 생물학적 존재를 뛰어넘어
역사를 일궈낸 사회적 실체다.
즉 몸의 역사가 바로 인간의 역사다.

5장

내 몸 이름 불러주기

이름을 불러준다는 건 곧 사랑을 피우는 행위다.

세상에 쓸모없는 존재는 없다

시를 지을 때 '이름 모를 잡초'라고 하지 말라는 어느 시인의 말을 들은 적이 있다. 김춘수 시인은 그의 시 〈꽃〉에서 "내가 그이 이름을 불러주기 전에는/ 그는 다만/ 하나의 몸짓에 지나지 않았다// 내가 그의 이름을 불러주었을 때/ 그는 나에게로 와서/꽃이 되었다"라고 노래하면서, 이름을 불러주는 행위는 그 사람에 대한 의미와 가치 부여임을 다시 한 번 일깨워주었다.

권정생의 《강아지 똥》에 보면, 강아지 똥이 그동안 만났던 대상에게 온갖 비판과 비난을 받고 자신은 쓸모없는 존재라고 생각하고 있던 날이다. 하늘에서 슬픔을 더하듯 비가 쏟아지던 어느 날, 강아지 똥과 민들레가 만났다.

"너는 뭐니?"

강아지 똥이 묻자, 민들레가 대답한다.

"난 예쁜 꽃을 피우는 민들레야. 그런데 한 가지 꼭 필요한 게 있어. 네가 거름이 돼 줘야 한단다."

이 세상에 쓸모없는 존재는 없다. 나는 어떤 존재일까. 얼마나 필요한 존재일까. 이것은 타인을 통해서도 알아차리지만 스스로 알아차릴 수도 있다. 바로 자신의 이름을 불러줄 때다. "누구누구야. 너는 세상에서 가장 존귀한 존재, 꼭 필요한 존재란다." 이렇게 내 이름을 불러주며 주며 자신의 존재를 소중히 여길 때 나는 다시 생각해보게 된다. 자신이 결코 쓸모없는 존재가 아님을, 그리하여 매 순간 가장 소중한 손짓과 마음으로 자신을 돌보아야 한다는 것을.

2015년, 뇌와 몸에 대한 훈련을 하는데 외적인 신체 부위뿐만 아니라 뇌 속을 산책하며 만나는 뇌의 구조물들의 이름을 불러준 적이 있다.

"뇌, 척수, 연수, 간뇌, 소뇌, 대뇌, 측두엽, 두정엽, 전전두엽, 편도체, 해마."

뇌의 단면도와 뇌 속의 구조물들을 먼저 그려보긴 했지만, 세세한 몸의 구조물의 이름을 부를 때 어색하면서 오싹한 느낌이 들었다. 훈련이 거듭될수록 그 부속물의 이름을 부를 때 나도 모르는 감정들이 올라왔다. 가령 "대뇌"를 부를 때, '내가 대뇌를 쉬지 않고 부려먹었구나!'라는 생각과 '무겁다. 불편하다'라는 느낌과 함께 '미안함, 안타까움, 외로움' 등이 느껴졌다. 그런데 참 이상한 것은 그 느낌과 감정에 머무는 동안 무겁고 불쾌했던 머리는 오히려 가벼워지는 듯했다. 이후로 내 신체 이름 불러주기 연습을 했다. 신기하게도 이름을 불러줄 때면 그 부분에서 일어난 일들과 마주하게 되고, 그 부분들에 대한 감정과 생각이 일어나며 교감하는 것을 느꼈다. 그 시간이 줄어들고 무뎌지면 내 몸은 방치된 채 자신의 가치를 잃어갔고, 내가 내 몸의 이름을 부르며 자주 교감할 때는 그 부분들에 대한 용서와 사랑의 표현을 통해 감정이 씻기고 세포들이 재생되는 느낌을 받았다.

이름을 불러준다는 건 곧 사랑을 피우는 행위다. 지금도 매일 샤워할 때 만나는 몸의 부분마다 이름을 불러주며 감정을 교감하는데, 이것이 곧 나 자신을 깊이 있게 사랑하는 방법임을 깨닫곤 한다. 우리는 누구나 태어나면서 이름을 받지 않던가. 부모가 사랑으로 지어준 그 이름을 누군가가 불러줄 때, 더욱이 따뜻한 목소리, 용서의 마음, 사랑의 감정이 가득한 목소리로 내 이름을 부를 때, 우리는 행복감을 느낀다. 그 행복은 그동안 상처 입은 마음을 치유 받고 다시 살아갈 수 있는 용기를 안겨준다.

내 몸 어느 구석에도 '이름 모를 잡초'는 없다. 팔꿈치, 새끼발가락, 배꼽, 정강이, 귓불, 관자놀이… 그리고 몸속에 있는 소장, 췌장, 혈관들까지도. 하나하나 귀중한 이름을 갖고 있으며, 언제든 그 이름이 불리기를 기다리고 있다. 그러니 시간을 내어 그 이름들을 불러주길. 샤워를 하며 몸 구석구석의 이름을 부르고 스킨십을 갖는 시간은, 수많은 충격과 아픔의 무늬가 새겨진 몸을 깨끗하게 만들어줄 것이다.

타인과의 스킨십이 사랑을 샘솟게 하고
옥시토신을 분비하게 하는 것처럼,
내가 나의 몸을 돌보아주는 과정에서도 긍정 에너지는 폭발한다.
내가 나를 깊이 사랑하고 보듬고 있음을 느낄 때
우리 몸과 마음은 안정감과 행복감을 느낀다.

6장

몸에게 말 걸기

이렇게 몸이 아픈 곳에 머물러 바라보고 만져주고 하다 보면
그곳에서 감정emotion이 올라온다. 그러면 그대로 인정해주고
위로해주는 반응을 한다.

몸과 소통하는 법

"괜찮니?"

"어떻게 하고 싶어?"

말은 내 생각과 느낌, 감정에서 나온다고 생각했다. 그런데 말은 내 몸을 통해서 왔다. 내 의식 너머 무의식 속 몸에 새겨진 비밀들이 반응했다. 그래서 말은 에너지다. 말은 사람의 몸에 내재되어 그 자신의 인성과 함께 드러난다.

내 몸짓의 의미를 알아차려본 적이 있는가. 장시간 쉬지 않고 글을 쓰고 있을 때, 경추와 어깨를 이리저리 틀어준다. 도저히 못 버티도록 고통스러울 때, 몸은 나에게 "피곤해" "좀 쉬어 줘" "움직이고 싶어"라는 말을 걸어온다. 근육과 뼈가 고통을 지각하면 자리에서 일어선다. 잠깐 물을 한 잔 마신다. 주변을 어슬렁거리면 몸이 원하는 대로 반응해준다. 긴 시간 같은 자세로 한 근육을 오래 움직이다

보면 다른 근육과 뼈가 "나도 불러달라"고 요청한다. 홈트 운동기구를 잡고 스쿼트를 한다. 약간 탄력성이 있는 두꺼운 줄을 하늘로 높이 밀어 올린다. 어깨도 아프고, 뒷목의 당김도 있지만 몸이 원하는 대로 움직여본다. 목도 이리저리 천천히 돌려본다. "우두둑, 우두둑" 소리를 낸다. "시원하다"고 말하는 듯하다. 정말 단 5분 정도 몸과의 대화에도 내 몸은 이완되고 유연해진다. 몸과의 소통으로 기분이 좋아지고 건강해지는 느낌이 든다.

사고를 당한 이후 나는 내 몸이 말을 걸어올 때, 몸의 신호에 빠르게 반응하게 되었다. 방법은 그리 어렵지 않다. 몸과 함께 어떤 시간을 보냈는지, 어떻게 몸을 썼는지 돌아보고 거기에 대해 반응해주는 것이다. 예를 들어, 무릎이 시큰거리고, 발목이 뻐근하게 아플 때 몸에게 대답한다.

"어제는 4시간이나 걸어서 너를 아프게 했구나. 미안해."

이렇게 몸이 아픈 곳에 머물러 바라보고 만져주고 하다 보면 그곳에서 감정emotion이 올라온다. 그러면 그대로 인정해주고 위로해주는 반응을 한다.

"네가 아프다고 신호를 보냈는데도 무시하고 걸어서 '무가치하다'고 느꼈구나."

이렇게 그 감정을 그대로 수용해준다. 또한 '이렇게 신호를 보내는데 내가 무시한다면 내 몸은 어떤 몸이 될까'라는 의미meaning를 생각하며 반응한다.

"그래, 몸의 신호를 무시하면 이렇게 즐거운 걷기도 더 이상 못 하도록 다리에 병이 나겠구나. 마음이 즐겁다고 너를 무리하게 부리지 않을게."라고 답을 보낸다.

몸은 언어로 말을 하진 않지만, 나의 이런 답변을 듣고 있는 것처럼 보인다. 통증을 동반한 고통도, 또 다른 반응들도 시간이 흐르며 조금씩 가라앉는 것을 느낀다. 내 몸의 각 부분들이 무엇을 싫어하고 무엇을 좋아하는지 예민하게 반응하는 과정에서 나는 몸과 훨씬 더 가까워지고 친근함을 느낀다.

엄마는 아기가 원하는 것을 말하며 떼를 쓰고 울 때, 그 말을 들어주고 공감해주고 인정하고 때로는 혼내기도 하면서 아이와 함께 성장해간다. 아기에게 관심을 깊이 가질수록 아이가 좋아하는 것과 싫어하는 것, 아이의 특성과 자질, 아이의 부족한 부분과 넘치는 부분을 이해하게 된다. 그 이해도의 깊이를 바탕으로 소통은 더 원활해지고 아이가 더 행복하게 성장하도록 돕는 일이 쉬워진다. 때때로 실수할 수 있지만, 그동안 아낌없이 쏟아온 정성과 사랑은 아기에게 신뢰를 안겨주었기에 용서와 사랑으로 다시 시작할 용기를 얻는다.

몸과 소통한다는 것은 아기를 돌보듯 있는 그대로의 모습을 관찰하고, 이야기에 귀를 기울여 공감하고 인정해주는 것과 같다. 몸의 한계와 가능성을 동시에 바라보고 지지하고 사용하며 가치를 증명하기 위해 용기를 가질 수도 있다. 때때로 가장 좋은 소통은 그저 상대의 이야기를 들어주는 것만으로 가능하듯이, 몸과의 소통도 마찬가지다. 통증이 일어나고 아픔이 솟을 때 그것을 보고 들으며 가만히 인정해주면 된다.

내가 이렇게 몸을 돌보면 언젠가 몸이 나를 돌보는 때가 온다. 몸과 소통하는 것은 내 몸이 나와 분리되어 외롭게 방치되지 않도록 하는 일이다. 바쁘다는 이유로 너무 긴 시간 내 몸과 단절한 채 지냈던 시간을 되돌아보며 가슴을 쓸어준다. 다시는 혼자 내버려두지 않겠다고, 벽에 대고 이야기하듯 소통하게 두지 않겠다고 다짐하면서.

7장

몸 세우기

신체적 바른 자세는 몸의 외적인 자세뿐만 아니라
내장기능의 위치, 역할을 원활하게 작동하도록 한다.

몸의 재생은 자세에 달려 있다

 알람이 울린다. 요가매트나 의자에 앉는다. '척추세우기'를 한다. 시간은 3분이다.

 목과 어깨의 긴장을 풀어본다. 무릎을 꿇고 앉아서 두 팔을 앞으로 쭉 뻗는다. 바닥을 향해 엎드리는 동작을 한다. 내 척추가 허락하는 만큼 내려가본다. 살짝 통증을 느끼는 정도에서 멈춘다. 약 1분간 머문다. 다시 몸을 느껴본다. 어디가 당기는지, 통증이 있는 곳은 어디인지 그 곳에 주의를 기울이고 천천히 깊게 호흡한다. 뻗은 두 손을 몸 쪽으로 당겨서 어깨를 으쓱으쓱 털어준다. 두 손을 허리 뒤로 깍지를 낀다. 팔꿈치는 쫙 펴서 허리에 붙이고 시선을 15도 위로 바라본다. 어깨와 엉덩이 고관절이 수직으로 되게 한다. 1분 동안 깊은 호흡과 함께 머문다. 몸을 느낀다. 당기거나 아픈 곳에 주의를 기울인다. 앞으로 굽었던 어깨가 뒤쪽으로 펴지는 상상을 한다. 휘었던 척추가 반듯하게 세워지는 상상을 한다.

이렇게 매일 몸을 바로 세우는 습관 훈련을 한다. 내 몸 세우기의 중심은 척추 세우기다. 특히 주의를 기울이는 동작은 척추, 허리의 유연성을 늘려 주는 자세를 훈련한다.

몸을 크게 여는 파워포즈Power Poses를 취해본다. 척추를 곧게 펴는 자세. 어깨 펴기, 허리를 펴기, 팔을 펼치는 자세, 원더우먼처럼 허리에 손을 올리기, 의자에 앉아 팔을 팔걸이에 올리기, 양손으로 책상을 짚고 허리를 쫙 펴기, 손을 머리 뒤로 하기 등이다. 똑바로 앉고 몸을 펴는 자세는 몸의 기운이 잘 흐르도록 돕는 모습이다. 안전신호다. 때문에 원하는 곳에 집중할 수 있다. 창조적인 활동에 주의를 기울일 수 있게 한다. 좋은 자세는 편안한 호흡을 한다. 천천히, 깊게 숨을 쉴 수 있다. 이런 호흡 중에는 불안에 대응하는 신경전달물질의 활동성이 활발하다. 뿐만 아니라 주의집중력에도 영향을 미친다. 이러한 이유로 업무 중에라도 잠깐 화장실 가는 사이에 몸의 긴장을 풀어주는 파워포즈 동작을 한다.

서서 하는 동작은 양발을 붙이고 뒤꿈치를 쭉 올려서 멈추었다가 내리는 동작을 호흡과 함께하는 것이다. 호흡은 발뒤꿈치를 위로 올릴 때 들이쉬고, 내릴 때 내쉰다.

기마자세도 좋다. 기마자세는 다리를 살짝 굽히고, 허리를 펴준다. 발바닥이 지면에 닿도록 선다. 의식의 주의는 아랫배에 둔다. 지면에 몸이 안전하게 닿은 자세에서 하단전에 주의를 모으면서 버텨보자. 주의가 몸으로 모아지면서 뇌를 자극하여 불안이 줄어든다.

신체적 바른 자세는 몸의 외적인 자세뿐만 아니라 내장기능의 위치, 역할을 원활하게 작동하도록 한다. 앉은 자세나 걸음걸이는 우리 몸의 건강과 습관을 반영하는 거울과도 같다. 기분에 따라 자세가 달라지는 것은 물론, 자세에 따라 기분도 바뀐다.

바른 자세는 몸뿐만 아니라 마음에도 영향을 미친다. 자세를 바로잡으면 우리 몸의 순환을 원활하게 할 수 있다. 바른 자세는 경직된 목이나 어깨근육이 풀린다. 구부정한 자세는 마음을 우울하게 한다. 몸 움직임도 줄어든다. 움직임이 줄어들면 체중이 늘어날 수도 있다. 이렇게 늘어난 체중은 다시 마음을 우울하게 만드는 악순환으로 이어진다. 우리 몸은 스스로 치유할 수 있는 재생능력이 있다. 몸이 스스로 재생하는 방법은 우리의 자세에 달려 있다.

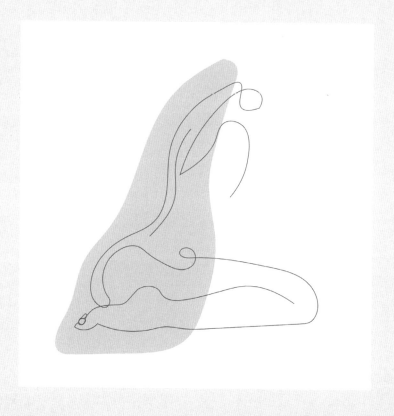

몸과 소통한다는 것은 아기를 돌보듯
있는 그대로의 모습을 관찰하고,
이야기에 귀를 기울여 공감하고 인정해주는 것과 같다.

8장

몸 깨우기

의식이 몸과 연결되었을 때 기분은 어떤지,
에너지 상태는 어떤지 느껴본다.
어제는 다소 불안했던 찌꺼기가 몸을 괴롭혔는데
지금 이 순간 편안하다.

똑똑, 잘 잤니?

'깨우기'는 잠자고 일어날 때 하는 행동이다. 몸은 우리가 잠자는 시간에도 깨어서 일한다. 그래서 어찌 보면 몸을 깨운다기보다 '몸이 나를 깨운다.'가 맞다. 몸은 그대로 있는데 내 의식이 잠을 자거나 무의식에 있을 뿐이다. 몸에 대한 소중함을 지각하는 때는 보통 잠자기 전 저녁이나 잠에서 깨는 아침 또는 아플 때다. 몸은 피곤하다고 말은 못 하고 몸으로 대신 신호를 보낸다.

이 신호들을 인지하게 될 때 우리는 반응을 하게 된다.

"나 피곤해." "지금 너무 무리야." "더는 안 돼."

몸이 이렇게 신호를 보내는 순간마다 몸을 돌아보고 살피는 건 매우 중요하다. 특히 아침에 일어날 때 우리는 몸의 소리를 들어본다. 해가 질 때 몸을 잠재워 피곤을 회복하게 하고, 밤새 푹 쉬고 나서 동이 트기 직전부터 슬슬 깨어나는 몸에게 아침 인사를 건네는 것이다.

"오늘도 일어나줬구나. 고마워. 잘 잤니?"

밤새 잘못된 자세로 자기라도 했다면 몸을 원활하게 움직이는 데 불편함이 있을 것이다. 이러한 몸에게 말을 걸 때는 먼저 노크가 필요하다. 말이나 행동으로 무엇을 할 것인지 먼저 신호를 보낸다는 것이다. 예를 들어, 화장실에 가고 싶다면 "화장실에 다녀와서 다시 좀 더 자."라고 말하고 일어나면 몸이 일어날 준비를 하는 시간을 줄 수 있게 된다. 그런 노크 없이 갑자기 몸을 움직이면 갑작스러운 충격이 가해질 수도 있다.

한번은 눈을 뜨자마자 몸을 벌떡 일으키다가 어깨가 "쩍!" 하고 번갯불처럼 뜨거워진 적이 있다. 그날 이후 어깨가 결려서 팔도 제대로 올리지 못했던 경험이 있다. 마사지숍에 가면 얼굴에 스킨스프레이를 뿌리기 전에 마사지스트가 미리 말해준다. "차갑습니다."라고. 병원에 가서 주사를 맞을 때도 말해준다. "조금 따끔할 거예요." 잠에서 깨어나거나 의식하지 않고 있다가 갑자기 어떤 행동을 취하고 싶을 때 사전 신호를 보내라는 뜻이다.

나는 요즘 매일 아침 의식과 몸이 만나는 연습을 한다. 나는 이 만남을 '몸 깨우기'라고 부른다. 신체부위 이름 부르기와 마주봄의 의식을 취한다. 내 몸의 머리부터 발끝까지 이름을 불러준다. 불편하고 아픈 신체부위에서는 잠시 3초간 머물고 바라본다. 아프기 전에 미리 돌보지 못해서 미안함을 보낸다. 용서를 구한다. 교통사고와 아픔으로 다시 돌아보고 마주하게 해서 감사함을 보낸다. 사랑의 말을 전한다. 의식과 몸의 마주침은 몸이 몸다운 기능과 역할을 할 수 있도록 한다. 몸을 사용설명서에 따라 잘 돌보고 관리하는 습관은 삶의 매 순간을 깨어서 선택하고 책임지는 깨어 있는 의식이다.

잠에서 깨어나면 의식이 깨어난다. 잠에서 깨어난다는 것은 실제 잠을 자다가 깨어나는 것도 있지만 무의식에서 지각과 통찰을 통해서 의식이 밝아지는 것도 '깨어난다'라고 한다. 깨어난 의식으로 몸을 만나본다. 호흡감각, 신체감각, 기분(에너지)감각과 차례로 만나보면서 나를 느껴본다.

먼저, 호흡감각 느끼기로 몸과 만난다. 내쉬는 숨을 따라 숨길이 편안한지 느껴본다. 목이 컬컬하고 건조함을 감각한다면 '목이 건조하구나. 입을 벌리고 잤나보다.'라고 느끼고, '목을 좀 축여줘야겠다.' 하며 물을 마시러 간다.

다음, 신체감각 느끼기로 몸과 만난다. 자리에서 누운 채로 머리부터 어깨, 팔, 손, 등, 엉덩이, 종아리, 발뒤꿈치가 바닥에 닿는 감각을 느껴본다. 결리는 어깨에 감각이 머문다. "내 몸 사용 설명서대로 쓰지 못 했구나." "내 손이 약손이야, 쓰다듬어 줄게." "시원해진다, 시원해진다." 하고 주문을 외우듯 말과 손으로 만져준다. 또 눈을 감은 채로 눈동자도 돌려준다. 좌로 10번, 우로 10번. 그다음 혀로 잇몸을 마사지한다. 바깥쪽, 안쪽, 위쪽, 아래쪽. 이제 목을 좌우로 흔들어본 다음, 두 손을 주먹 쥐었다가 폈다를 반복해본다. 두 발 끝을 몸 쪽으로 당겼다가 바깥쪽으로 밀면서 몸을 느끼고 몸에 반응한다. 몸과의 찐한 데이트 시간이다.

마지막으로 기분(에너지)느끼기로 몸과 만난다. 의식이 몸과 연결되었을 때 기분은 어떤지, 에너지 상태는 어떤지 느껴본다. 어제는 다소 불안했던 찌꺼기가 몸을 괴롭혔는데 지금 이 순간 편안하다.

몸과의 만남은 활발한 스트레칭으로 이어진다. 주로 안 쓰는 근육과 관절을 만나는 시간이다. 점점 뻣뻣해지는 몸에게 조금씩, 천천히 함께 움직이는 연습을 한다. 급격한 변화는 느끼기 어렵지만 조금씩 변화하고 있는 몸을 지각한다. 그런 다음 신선한 자연의 공기를 느껴본다. 새로운 몸을 만들어나갈 기분이다. 희망에 찬 기분으로 경계를 넘어가는 순간이다.

9장

몸 살리기

아직 사고 트라우마로 운전대를 잡지 못하는 나는 30분마다
한 번씩 다니는 버스를 타고라도 기어코 밭에 간다. 나를 반
겨 주는 '염두연'이라는 팻말이 기다리고 있다. 내 이름표가
붙어있는 아름다운 농장에서 사랑의 씨앗들이 꽃을 피우고
나를 기다리고 있다.

몸을 살리는 일상 회복하기

　사고 후에 겪게 된 가장 큰 변화 중 하나는 내 몸을 만들어가는 크고 작은 모든 행위들에 주의를 기울이게 되었다는 것이다. 그중에서도 '먹는 것'은 내 몸을 살리기도 하고 죽이기도 하는 매우 중요한 행위다. 사고 이후 급격히 나빠진 몸이 회복하는 시간 동안, 나는 몸을 살리기 위해 좋은 먹거리를 선택하는 데 각별히 신경을 쓰기로 했다. 더불어 식탐을 내려놓고 조금 적게 먹기를 선택했다. 식자재를 구매할 때는 육류보다 채소, 해조류, 생선을 장바구니에 담게 되었다. 조리법도 간단하게 바꿨다. 복잡한 조리법을 선택하는 대신 원재료를 최대한 살려보려고 노력한다. 살짝 데쳐서 초간장에 찍어 먹거나 날 것 그대로의 식감을 느껴본다. 식재료 고유의 맛과 향을 경험하는 즐거움이 느껴진다. 영양도 만점이다. 시간도 절약된다. 복잡한 레시피를 펴 놓고 요리를 하지 않아도 된다. 몸의 수고를 줄일 수 있다.

나는 몸을 살리는 일상을 회복하기 위해 세 가지 원칙을 만들었다. 그것은 바로 적게 먹기, 많이 움직이기, 충분히 잠자기이다.

적게 먹기는 탄수화물을 좋아하는 나에게 한 입 더 먹고 싶을 때 수저를 놓을 수 있는 훈련이다. 뿐만 아니라 고기 먹기를 즐겨하지 않는 나에게 일주일에 한 번이라도 고기를 먹으려고 노력하는 훈련이다. 채식주의자는 아니지만 식재료 본래의 맛에 빠지다 보면 각종 채소 고유의 맛에 빠지게 된다. 양념을 살 때마다 원산지는 어디인지, 어떤 공정을 거쳐서 우리 식탁으로 오게 되었는지 의심의 눈으로 관찰하는 일을 줄일 수 있다. 마트에 가면 싱싱한 채소가 나란히 진열되어 있다. 예전에는 덥석 손을 내밀어 장바구니에 담곤 했다. 그러나 도시농부를 하면서 달라졌다.

벌레 먹고, 병충해도 입고 끝까지 잘 견디고 살아남은 채소들의 모양새는 그리 예쁘지 않다. 크지도 않고 반듯하지도 않다. 비바람 병충해를 이겨내느라 그 모양과 크기 안에 생존을 위한 몸부림이 담기기 때문이다. 한 잎을 딸 때마다 내가 따 먹을 수 있을 때까지 잘 견뎌줘서 고맙고 미안하다는 마음을 가진다. 잘생기지 않아도 믿음직스럽다. 벌레가 먹다 남은 잎이라도 괜찮다. 자연과 함께 살아가는 법을 배울 수 있는 기회가 된다. 씹을 때 아삭거리는 부드러움이 없어도 좋다. 단단한 섬유질로 찔깃거리는 채소잎을 오래 씹는 동안 몸이 살아나는 기분이 든다. 아직 허리가 다 낫지 않아서 앉아서 노동을 하는 일은 힘들지만 주말농장에서 도시농부로 살면서 자연에게 내 몸을 살리는 법을 하나씩 배우고 실천해나간다.

아직 회복 중에 있지만 여전히 도시생활은 분주하다. 주중에 도심 콘크리트 벽 안에 갇혀서 이리저리 뛰어다니며 해야 하는 역할에 충실히 살아가고 있다. 그래도 시간을 뚝 떼어내서 걸을 수 있는 시간, 스트레칭을 할 수 있는 시간을 의식적으로 만들어 놔서 다행이다. 그리고 주말 농장에서의 노동은 몸을 쓰게 하는 노동이다. 몸을 쓰더라도 정서적으로 이완되기에 결과적으로는 몸과 마음 모두에게 좋다.

한 주 전에 풀을 뽑아서 밭고랑에 두고 가면 그중에 살아서 머리를 들고 있는 풀이 있다. 온 힘을 다해 땅에 뿌리를 내리고 물을 생존에 집중하고 있는 잡초를 발견한다. 다시 뽑아서 멀리 밭둑으로 옮긴다. 풀이 살아가는 법을 배운다. 도시농부는 무비료, 무농약으로 채소를 재배한다. 밭에 가면 곤충들이 날아다닌다. 땅속에는 개구리, 지렁이가 호미 든 나를 피해서 도망간다. 곤충이 살아가는 법을 배운다. 자연이 살아가는 법을 곁에서 배우게 된다. 흙을 만지는 노동의 시간은 오히려 몸과 마음이 살아나는 시간이다. 작년에는 비탈진 텃밭 가장자리에서 겨우 싹을 틔우고 자라는 고수, 무, 상추, 쑥갓 등의 꽃을 보았다. 어찌나 예쁜지 밭에 갈 때마다 노랗게, 하얗게 웃으며 반기는 그 자태에 반해서 사랑에 빠졌다.

아직 사고 트라우마로 운전대를 잡지 못하는 나는 30분마다 한 번씩 다니는 버스를 타고라도 기어코 밭에 간다. 나를 반겨 주는 '염두연'이라는 팻말이 기다리고 있다. 내 이름표가 붙어있는 아름다운 농장에서 사랑의 씨앗들이 꽃을 피우고 나를 기다리고 있다. 이렇게 몸을 쓰는 노동 후에 수확의 기쁨도 크다. 곤충, 벌레들이 먹다 남은 거지만 사람이 나눠 먹을 수 있을 정도로 많다. 이렇게 몸을 쓰고 정서적으로 이완되는 날 저녁이면 꿀잠을 잔다. 노동은 참 신성한 것이다. 몸을 살리고, 내 정서를 살찌우는 노동 예찬이다. 해마다 2월이면 도시농부 신청 사이트를 서성거리며 미리 마중 나가는 이유다.

몸을 살리는 일은 몸과 친해지는 일이다. 친하게 지내려면 자주 만나고, 무엇을 좋아하는지 관찰하고, 질문하고, 느끼고, 반응해주어야 한다. 그럴 때 몸과 원활한 의사소통이 가능해진다. 몸과 소통하면 기분도 좋아진다. 삶의 순간을 충만하게 만든다. 나는 오늘도 몸을 움직여서 뇌와 마음을 건강하게, 행복하게 가꾸어간다. 도시농부가 텃밭을 가꾸듯 사랑과 정성으로….

10장

몸 행복하게 하기

"건강을 잃으면 모든 것을 잃는다."는 말은 이제 나의 현실 속 경험이 되었다. 두 번 다시 건강을 외면한 채 행복하기를 바라는 어리석은 일은 하지 않을 것이다.

나의 행복의 기준

행복의 정의는 사람마다 다양하다. "행복은 관계 안에 있다." "몸이 아프지 않고 가족들이 모두 건강하면 행복하다." "친구랑 원만하게 잘 지내면 행복하다." "선물을 받으면 행복하다." "승진하면 행복하다." "밥을 함께 먹을 사람이 있으면 행복하다." "봉사활동을 할 때 행복하다." 등 개인마다 행복을 느끼는 대상과 관점이 다르다. OECD(2013)가 제시한 행복의 정의에 따르면 행복은 '우리의 마음상태가 좋을 때'이다. 좋은 마음 상태는 인생 전체에 대한 평가가 좋고, 순간순간의 감정적인 반응들이 긍정적일 때를 의미한다. 사람들에게 삶의 목적이 무엇이냐고 물으면 '행복'이라고 대답한다. 대한민국 헌법 제10조에도 인간의 행복권에 대해 말하고 있다. 인간이라면 행복할 권리가 있다.

2021년도에 90세 교회 권사님이 사회복지 박사학위를 취득했다고 연락을 주셨다. 권사님은 박사학위뿐만 아니라 날마다 성경 말씀을 암송하고, 교회 일을 도맡아 하신다. 연로한 나이에 공부를 하는 것이 아주 힘에 부치리라 예상하지만, 그분은 공부를 할수록 에너지가 생겨나고 행복감이 차오른다고 하신다. 공부하는 목적 그 자체에 기쁨이 있기 때문에 만학을 이루는 듯하다.

나는 일, 건강, 사랑이 균형을 이루는 삶을 살고 있다고 느낄 때 행복하다. 내 인생 전반기에는 지식에 대한 결핍과 갈증으로 그것을 채우는 데 끝없는 에너지를 쏟았다. 호기심, 모험심을 넓게 펼치며 '도전과 경험이 능력이다'라는 생각으로 살았다. 중반기가 되면서부터는 그동안 해온 것들에 가지를 치고, 간결하게 때론 단순하게 살고자 노력했다. 더디고 힘들더라도 작은 성취감을 맛보면서 살아내었다. 남은 후반기의 삶은 조금은 덜 익었지만 조금씩, 천천히 한 발씩 세상과 연결해나갈 것이다. 내가 가진 것을 나누는 장場을 조심스럽게 내딛는 중이다.

나는 내가 하는 일이 나 자신과 세상에 의미가 되기를 바란다. 그래서 일을 선택할 때 무엇보다 나와 타인에게 이 일이 어떤 영향을 미칠 것인가를 생각한다. 그 중심에는 나의 가치가 함께한다. 내가 생각하는 우선 가치는 진정성, 열정, 균형이다. 이 기준에 적합한 일을 할 때는 힘이 난다. 여럿이서 협력하여 일하는 연구 시간도 즐겁고 설렌다. 교육생이나 내담자들로부터 진실된 마음이 전해진다는 피드백을 들으면 더욱 기쁘다. 종종 일이 끝날 때마다 오늘 한 일에 대해 척도질문을 한다. 0점에서 10점 척도에서 몇 점이냐고 질문

한다. 이 질문은 두 가지를 확인해 보기 위해서다. 하나는 대상자의 교육, 상담에 대한 만족도와 그 이유를 확인해 보기 위함이고, 또 하나는 그 피드백에 따라 내가 무엇을 주의해야 하는지, 무엇을 더 연구해야 하는지 알려주는 척도로 삼기 위해서이다. 일은 누군가와 나누기 위해서 더 연구하고 성찰하게 하는 에너지 충전소다.

일과 함께 건강은 내 행복에 없어서는 안 될 중요한 가치다. 물론, 교통사고로 한 번 몸이 무너지고서야 더욱 건강에 주의를 기울이게 되었지만, 그래서 더 감사할 수 있다. 사고 이전에는 쉴 새 없이 일을 했고, 곧 다시 그전만큼 많은 일을 하게 되겠지만 변화된 것은 바로 우선순위다. "건강을 잃으면 모든 것을 잃는다."는 말은 이제 나의 현실 속 경험이 되었다. 두 번 다시 건강을 외면한 채 행복하기를 바라는 어리석은 일은 하지 않을 것이다.

건강을 돌보기 위해 놓지 않는 것이 운동이다. 음악과 함께 스트레칭, 걷기, 근력운동을 한다. 처음 시작 때는 바위에 계란 부딪히기 같았는데 어느새 몸이 많이 유연해졌다. 걸을 때는 내 몸의 뼈와 근육이 균형 있게 춤을 춘다는 상상을 한다. 그러면 발걸음이 더 가벼워진다. 마음도 가벼워진다. 주변을 보는 마음의 창문이 넓어지니 이전에 보이지 않았던 것들도 보인다. 집 근처 홍제천에 흐르는 물소리도 들린다. 물 위를 노니는 오리 가족들도 보인다. 어미 오리는 새끼에게 생존법을 가르치는지 엉덩이를 하늘로 들어 보이며 물속에서 먹이를 잡는 모습을 선보인다. 새끼 오리들도 어미 오리를 따라 한다. 잠시 멈추고 서서 한참을 바라봐도 먹이를 잡지 못한다. 그래도 포기하지 않고 표적물을 향해 유영하는 어미 오리를 유심히 본다. 어미 오리가 새끼 오리에게 가르치는 물고기 잡기는 내 삶을 비춰보게 한다.

'나도 저랬구나!' 선택의 실패 앞에서도 다시 일어나 새로운 선택을 했던 나, 좌절감과 수치심에 묶여서 나아가지 못했지만 다시 그 부끄러움과 마주할 수 있게 했던 나, 지칠 틈도 없이 물갈퀴로 헤엄을 치는 오리처럼 평정을 잃지 않으려고 안간힘을 쓰며 헤엄을 쳐왔던 내가 떠오른다. 지금 여기 서서 보니 참 많이 지쳐 있는 나를 본다. 와락 안아주며 "애썼어, 그래도 참 잘 헤쳐 나왔어." 나를 꼭 안아준다. 그 말 한마디에 내 감정은 스멀스멀 힘이 솟아난다. "그래, 그렇지 잘했지." 다시 한 번 확인하며 "고맙다.""사랑한다."는 말로 마주한다. 이런 내가 좋아지는 순간이다. 나를 굳게 믿을 수 있는 마음 선택은 자주 일어나는 일은 아니다. 용기 내서 내 심장이 원하는 대로 한 발 내디디니 충만해진다. 행복감이 올라온다. 다음에도 시도해 봐야겠다는 에너지가 생긴다.

마지막으로 내 삶의 행복의 가치는 사랑이다. 얼마 전 가을이 문턱을 넘을 때쯤이다. 울산 바닷가 암석 지형이 있는 대왕암 해변공원을 걸었다. 대왕암공원에는 신라시대 삼국통일을 이룩했던 문무대왕에 이어, 왕비도 그 뒤를 따라 죽은 후 호국룡護國龍이 되어 울산 동구의 대왕암 밑으로 잠겼다는 신비한 전설이 전해 내려오고 있다. 그 뒤 사람들은 이곳 등대산 끝 용추암 일대를 대왕암이라 부르는데, 그 아래에는 '용굴'이 있다. 용이 잠긴 바위 밑에는 해초도 자라지 않는다고 한다. 바다 위에 솟아 있는 대왕암의 기암괴석 사이를 걸었다. 자연과 환경이 빚어낸 색깔도 모양도 희귀한 바위들이었다. 그 틈새로 마을처럼 식물의 종들이 모여 사는 모습에 신기한 듯 바라보았다. 무리 지어 자라나는 식물들과 눈이 마주쳤다. 잠시 사진을 한 컷 담았다. 파도와 바람 속에서도 온 힘을 다해 살아가는 모습을.

약 3개월 전, 울산 십리대밭길 사이를 걸으면서도 대나무와 한참 동안 이야기를 나누었다. 관광객들의 편의를 위해 대밭길 둘레길에 아스팔트를 깔았다. 신발에 흙이 묻는 것을 최소화하려고 만들었을 것이다. 무심히 걷다 보니 작은 모죽이 아스팔트를 뚫고 올라오고 있었다. 나는 그 자리에 앉아서 한참 동안 그 생존의 몸부림을 보았다. 딱딱한 아스팔트가 얼마나 답답했을까. 대나무는 땅속에서 약 5년간 뿌리를 뻗어 나간다. 위로 높이 솟을 때 비바람, 폭풍우에도 쓰러지지 않고 견디기 위해서일 것이다. 저 약하디약한 모죽이 견뎌낸 세월, 아스팔트 위로 올라오는 저 줄기, 저 몸부림의 힘은 얼마나 거대한가? 저마다 살아가는 모습은 다르지만 누구보다도 자신을 사랑하는 마음으로 삶의 흔적을 그려내는 생태계 앞에서 잠시 생각해보았다.

사고가 나지 않았다면 이처럼 자연과 마주하고 그들의 위대함을 담기 위해 애쓰고, 그렇게 교감하고 사랑할 엄두를 낼 수 있었을까.

사람과의 관계도 마찬가지다. 자연과의 사랑, 그리고 인간과의 사랑은 언제나 내 삶의 소중한 가치였지만 이제는 더 중요하게 다가온다. 남은 삶의 시간 동안 더욱 사랑하며 행복을 이뤄가리라 다짐하게 된다.

나는 '어떤 흔적을 남기고 갈 것인가'를 생각하며 오늘 하루를 산다. 이렇게 애쓰며 살아가는 나를 사랑한다. 그래서 실패해도, 장애물이 있어도 포기하지 않는다. 70억 인구 중에 단 한 사람인 나다. 나를 보내신 분의 목적에 걸맞는 삶을 살려고 돌아보는 훈련을 한다. 살아갈 시간을 마주 바라본다. 내가 만나는 사람에게 무엇을 나누며 함께 행복한 관계를 만들어갈 것인지 생각한다. 관계의 행복이다. 20대 때는 모든 사람들과 관계가 다 원만해야 행복했다. 그러나 지금은 그것이 얼마나 왜곡된 생각인지 알게 되었다. 사람들은 저마다 세상을 보는 자기 프레임이 있다. 그 프레임은 자신이 살아오면서 어떤 교육과 환경에서 어떤 사람들과 상호작용하면서 살아왔는지, 어떤 문화, 어떤 경험 등에 의해 순간적으로 사람을 스캔해버린다. 자신의 잣대로 자동적 필터링을 하는 것이다. 그 필터링에는 지극히 부분적인 정보를 보고 전체를 다 아는 것인 양 해석해버린다. 순간적으로 관찰된 것은 사실과 다른 해석을 할 수밖에 없다. 아예 처음부터 말을 건네지도 않았는데도 부정적인 감정으로 바라보는 뇌의 필터링 때문이다.

나이가 들어가면서 행복의 조건에 '관계의 질'이 필수가 되었다.

많지 않아도 한두 명이라도 '어떻게 교류하느냐'가 중요하다. 인간관계, 알면서도 내 마음대로 잘 안 될 때가 많다. 아쉽지만 인간의 본성을 알게 되면서 조금은 마음이 편해진다. 그저 내 앞에 오는 사람에게 진솔한 마음으로 대하고 떠나는 사람에게 그의 선택을 존중해주는 요즘의 내가 참 좋다. 굳이 잘하려고 애쓰지 않고, 잘 보이려고 노력하지 않는 나를 본다. '어느새 노회한 사람이 되었나?' 생각하다가도 살아오는 과정에 터득한 지혜이려니 생각하니 마음이 가볍다. 실수와 실패, 좌절과 성취를 통해 조금씩 원하는 방향대로 주파수를 맞춰가는 나를 발견한다. 이런 내가 진정 '나다운 삶' '목적 지향적인 삶'을 살아가는 모습이라 여겨진다. '나 다운 삶'으로 균형적인 삶을 살아가는 사람은 행복한 사람이고, 그것이 바로 '나'임을 확인하며 감사하는 마음을 가져본다.

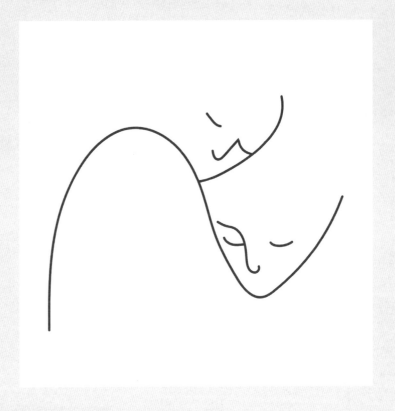

몸을 살리는 일은 몸과 친해지는 일이다.
친하게 지내려면 자주 만나고, 무엇을 좋아하는지 관찰하고,
질문하고, 느끼고, 반응해주어야 한다.

Part 5

사랑받기를 기다리는
나의 몸에게

내 몸을 돌보고 안아주는
7가지 행복한 습관

1장

행복한 습관 1,
호흡

호흡은 건강과 밀접한 관련이 있으며
나아가 생명과 연관이 있다.

몸에 주의를 기울이는, 호흡

호흡은 들숨과 날숨으로 이루어진다. 앞에서도 이야기했듯 호흡은 곧 생명과 연결된다. 숨을 쉰다는 건 살아있다는 증거다. 호흡은 생명을 유지하기 위한 가장 기본적인 활동이다. 호흡 과정에서 산소가 필요한 근본적인 이유는 에너지를 생산하기 위해서다. 산소가 없으면 미토콘드리아에서 대량 에너지를 생산할 수 없게 된다. 또 호흡을 할 때 공기를 들이마시고 내쉬는 과정에서 몸속의 이산화탄소를 밖으로 배출한다. 호흡은 삶을 유지하고 활동하는 에너지를 얻는 과정이다.

그래서 우리가 건강을 챙기기 위해 가장 먼저 공부해야 할 것이 바로 '호흡'과 관련된 것이다. 건강한 사람의 숨은 어디서부터 어디까지 들어가고 나오는 것일까? 피트니스센터에 가면 몸을 쓰기 전에 호흡부터 훈련한다. 몸을 쓸 때도 숨 고르기가 기초가 되며 중요하기 때문이다. 〈나무위키〉에 의하면, "숨 고르기란 적절한 순간에 숨을 참고 뱉어 힘을 최대한 이끌어내는 기술이다."라고 했다.

기본적으로 우리는 코로 숨을 들이쉬고 코로 내쉰다. 입으로 호흡하는 것이 습관화되면 건강에 이상이 있는지 확인해봐야 한다. 잠잘 때 나도 모르는 사이에 입으로 숨을 쉬면 두통과 함께 목이 아플 때가 있다. 잠자는 동안 입을 벌리고 자는 날은 목과 인후가 말라 있다. 매우 불쾌한 기분이 든다. 한 기사에 의하면 평소에 말을 많이 하는 사람들 중에서도 얕고 짧은 호흡을 자주 한다면 잘 때 입이 벌어질 수 있다고 한다. 말하는 도중에 입으로 짧게 호흡하던 습관이 몸에 배었기 때문이란다. 또 비염이나 코감기 등 코질환 때문에 입을 벌리고 자기도 한다는 사례가 있다. 잠잘 때 입 호흡을 예방하기 위해서는 의식적으로도 코로 호흡하는 습관을 들여야 한다. 콧속에 있는 코털과 섬모는 공기 속의 세균이나 먼지를 걸러주고 공기 온도를 조절하는 역할을 한다. 폐에 깨끗한 공기가 전달되도록 필터링을 해주기 때문이다.

중요한 건 평소에 의식적으로 자신의 호흡습관을 잘 관찰하는 것이다. 호흡은 건강과 밀접한 관련이 있으며 나아가 생명과 연관이 있기 때문이다. 올바른 호흡을 위해 일상생활에서 할 수 있는 것은 코 호흡이다. 올바른 호흡법을 연습하면서 숨이 들어오고 나가는 길을 천천히 따라가보자. 하루에 세 번씩은 잠시 멈추어 숨을 깊이 들이쉬고 길게 내쉬어보자.

몸과 만나는 올바른 호흡훈련

몸과 마음을 건강하게 하는 올바른 호흡법이 있다. 바로 복식호흡이다. 먼저 몸속에 있는 공기를 풍선에 바람이 빠지듯이 5초간 길게 내뱉는다. 숨을 잠시 2초 멈춘다. 다시 숨을 들이마신다. 약 4초간 배가 불룩해질 때까지 들이마신다. 숨을 2초 동안 멈춘다. 가슴이 많이 들리지 않도록 주의하자. 평소 호흡습관 때문에 이 방법이 잘 안 된다면 다음 방법으로 해본다. 등을 곧게 펴고 숨을 들이쉬면서 양팔을 위로 뻗어 올린다. 2초간 멈추었다가 숨을 내쉬면서 양손을 발목까지 천천히 내리면서 호흡훈련을 해본다.

1. 숨을 5초간 내쉰다. 배가 쑥 들어가는 걸 느껴본다.

2. 숨을 2초간 멈춘다.

3. 숨을 4초간 들이쉰다.

4. 배가 불룩해진다. 숨을 2초간 멈춘다.

5. 숨길을 따라 의식도 따라 이동한다.

6. 숨길에서 만난 느낌, 감정을 기록한다.

우리 삶에서 정답은 없다. 걸으면서
나를 바라보고, 걸으면서 진정 나다운 삶을 찾아보면 된다.

2장

행복한 습관 2,
명상

명상은 '나다운 삶'을 지향하는 행복훈련이다.

나를 잘 알아차리고 이해함으로 나를 잘 조절할 수 있다.

몸 알아차림, 명상

약 2년 전부터 나는 '내 몸은 곧 나다'라는 생각으로 살아오고 있다. 오늘 아침 눈을 뜨면서부터 했던 짧은 감사기도부터 잠자기 전에 하는 감사와 성찰을 몸은 함께했다. 나는 매일 깨어 있는 하루를 산다고 생각하고 지내는데 하루만 지나면 어제의 일을 기억하는 것조차 정확하지 않을 때가 많다. 물론 구체적인 작은 순간의 기억들이다. 그러나 몸은 어딘가에 그 순간을 알고 있을 것이다. 나는 잘 모르지만 몸은 알고 있다는 생각으로 시작한 일이 있다. '내가 소중히 여기는 하루의 일상을 거울처럼 보는 것은 바로 몸이다'라고 생각하면서 생긴 습관이다. 바로 몸에 대한 느낌에 집중해보는 것이다. 몸에 대한 느낌에 머물러서 떠오르는 생각, 감정을 하나하나 분리해본다. 그리고 몸에서 느끼는 것들, 기억, 생각, 감정들이 꾸역꾸역 올라올 때도 그냥 몸이 움직이는 대로, 흘러가도록 내버려둔다. 이런 습관을 '나를 찾아가는 명상'이라고 이름표를 달아주었다.

명상은 원래 전통불교에서 종교적 수도법으로 시작되었다. 지금 이 순간에 집중하여 충실하게 경험하며 깨어 있는 상태를 유지하는 것이다. 명상은 종종 마음을 깨끗이 하고, 스트레스를 관리하며, 휴식과 집중을 자유롭게 하기 위한 마음 훈련에 적용된다.

나는 많은 명상법 중에서 몸에 대한 '알아차림 명상'을 한다. 알아차림 명상을 통해 몸에서 느껴지는 사실과 감정을 관찰한다. 생각, 감정, 기억에 대한 에너지의 움직임을 있는 그대로 경험한다. 어떤 특정한 대상에 의식을 집중하는 훈련을 주로 한다. 훈련법은 검은 점이나 촛불과 같은 시각적 대상일 수도 있고, 몸에서 느껴지는 감각일 수도 있고, 밖에서 들려오는 소리와 같은 청각일 수도 있고, 미각 또는 후각일 수도 있다.

'나' 스스로가 관찰자가 되는 것이다. 나는 주로 잠에서 깨어날 때나 잠자기 전, 또는 오랫동안 책상에 앉아 있을 때 어깨나 목이 아플 때 알아차림 명상을 한다. 내가 나를 바라보는 시간이다. 과거의 미해결된 과제이든지, 현재의 경험이든지 충분하게 감각한다. 그 머무름에 '주의'를 기울인다.

'알아차림'의 순간 치유는 시작된다. 알아차림'이란, 하나의 경험적 활동으로서 개체가 신체감각, 정서적, 인지적, 활동(행동)적 측면에서 개인적, 환경적 장場에서 발생하는 가장 중요한 사건들과 '깨어서 접촉'하는 과정이다Yountef. 알아차림은 '자신이 하는 생각, 감정, 행동을 인지'하는 것이다. 예를 들어 컴퓨터 앞에 앉아서 글을 쓰고 있다면 '글을 쓰고 있다'라고 알고, 어깨가 아프면 '어깨가 아프구나', 일어서면 '일어선다', 목이 마르면 '목이 마르다'라고 의식하는 것이다. 신체감각, 욕구, 감정, 환경, 상황, 내적인 힘에 대한 알아차림 등이 있다. 이들은 상호 밀접한 관계에 있으며 서로 연결되어 있다.

이러한 명상의 가장 좋은 점 중 하나는 스트레스 관리를 할 수 있다는 것이다. 최근에는 명상의 심리적, 생리적 효과가 의학적으로 입증되어 정신과, 내과, 가정의학과 등에서도 스트레스 관련 질환 치료에 활용하고 있다. 일상생활에서 받는 스트레스를 적절히 관리한다면 좀 더 건강하고 활기찬 삶을 살 수 있다.

보통 현재 몸이 불편한데 겉으로 아무렇지도 않은 듯 행동하면서 문제가 발생한다. 스트레스가 대표적인 예다. 우리는 날마다 끊임없이 크고 작은 스트레스를 경험한다. 원래 스트레스는 부정적이든 긍정적이든 어떤 변화에 적응하기 위해서 우리 몸에서 일어나는 생리적 반응을 의미한다. 만성적 또는 과도한 스트레스는 신체적, 정신적 건강을 해치지만 적절한 스트레스는 일의 효율성을 높이며 삶에 유용한 것이 되기도 한다. 그러나 스트레스가 건강을 해칠 정도로 과해진 상태에서도 이를 부인하며 보통의 일상처럼 살아가려고 하면 몸은 버텨내지 못하고 반드시 문제가 생기고 만다.

명상은 내 감정과 상태를 알아차리는 중요한 행동이다. 명상을 하면서 나에게 얼마나 많은 스트레스가 있는지, 그로 인해 어떤 감정이 드는지, 그것을 알아차림으로써 그 감정에 붙어있는 욕구, 기대, 결핍 등 해결되지 않은 마음속의 과제들이 해소되기도 한다.

몸과 만나는 명상법

명상은 '나다운 삶'을 지향하는 행복훈련이다. 나를 잘 알아차
리고 이해함으로 나를 잘 조절할 수 있다. 자기 점검 능력이다.
사건이나 상황을 바라볼 때 좀 더 명확하게 '있는 그대로'를 볼
수 있다. 이런 삶은 훈련이 필요하다. 고요한 나를 자주 바라보
고 의식하는 명상은 지혜로운 자기관리의 삶으로 연결된다.

1. 다른 정보가 침입하는 것을 예방하기 위해 고요한 음악을
   배경음악으로 설정한다.
2. 깊은 호흡으로 긴장된 마음을 이완시킨다.
3. 나의 의식이나 행동을 인식한다.
4. 지각된 것을 의식한다.
5. 몸에 대한 느낌을 느껴본다.
6. 몸에 대한 욕구를 살핀다.
7. 몸에 대한 감정을 탐색한다.
8. 고요한 마음으로 어떤 욕구가 있는지 관찰한다.
9. 느낌, 감정, 욕구를 기록한다.

3장

행복한 습관 3,
춤

춤은 자신과의 만남이다.
태어나서 지금까지 내 몸에 어떤 역사가
새겨져 있는지 만나는 몸의 움직임이다.

음악으로 몸과 마음 이완하기, 춤

나는 종종 집단 상담 구성원으로 참여한다. 그곳에 가면 가정과, 사회에서 쓰고 있는 모든 감투나 가면을 벗고 나로 설 수 있기 때문이다. 모든 것을 내려놓고 나 자신에게만 집중하는 시간이 참 좋다. 거기서 막춤을 40분간 쉬지 않고 출 때도 있다. 음악이라는 소리 정보에 눈을 지그시 감고 한 그루 나무가 되어 춤을 춘다. 나무가 되어 만나는 바람, 폭풍우, 애벌레, 나비, 벌, 꽃, 열매의 만남을 몸으로 분출한다. 음악과 내가 자연의 일부가 되어 춤을 춘다. 내가 살아가는 환경이 어떤 곳이든, 누구를 만나든 나만의 방법으로 장애물을 피하기도 하고, 대처하기도 하는 몸의 율동이다. 때로는 오월의 바람과 햇살에 반짝이는 내가 되어 함께 아름다운 몸이 선율을 타고 한 마리 나비가 된 듯 춤을 춘다. 어떤 때는 내 몸이 물이 되어본다. 집단 리더가 '시냇물'이라고 하면 나는 시냇물이 되어 음악과 하나 되어 흘러간다. 가다가 만나는 바위, 풀, 기둥, 돌, 오리 가족들,

왜가리를 만날 때마다 몸은 생각지도 못한 율동으로 움직인다. 몸이 움직이는 동안 눈물과 웃음을 만난다. 춤이 멈추면 몸과 마음은 더욱 가벼워진다.

나는 종종 집 안에서 음악을 들으며 춤을 춘다. '춤은 이렇게 추는 거야'라는 방법이나 규칙도 없다. 그냥 느낌대로 몸을 움직인다. 맨발로 땅바닥을 딛고선 발바닥 감각을 느껴본다. 몸은 점점 가벼워진다. 웃기도 하고, 울기도 하고, 소리 없이 하늘을 향해 서서 멈추어 서기도 한다. 진정 발가벗은 나와 만나는 순간이다. 모든 사회적 가면을 벗고 오로지 몸이 원하는 대로 움직여 몸을 이완시키면 비로소 모든 구속에서 벗어나 자유로이 새가 되어 하늘을 나는 춤을 춘다. 춤은 긴장하고 살았던 감정을 자유롭게 풀어주고 정화해준다.

내가 추는 춤은 규례와 사회적 기준에서 벗어나 오직 나로 존재하는 시간을 만들어준다. 막춤박사로 알려진 최보결 박사는 한 인터뷰에서 "모든 존재의 상처를 치유하고, 신뢰를 회복하고, 공동체를 회복하는 데 도움을 주는 게 춤이라는 생각을 했어요. 그래서 춤이 삶에 적용되면 조금 더 즐거운 삶을 살 수 있다는 걸 보여주고 싶었어요."라고 했다.

나는 은퇴 후에 본격적으로 춤을 배우려고 계획했다. 그런데 그럴 필요가 없어졌다. 그냥 지금도 춤추고 싶으면 음악을 틀고 춤을 출 수 있기 때문이다. 몸을 움직여 감정을 정화하고 몸의 율동으로 억눌렸던 감정들이 표출되면서 뭉쳤던 감정들이 풀어져 나온다. 몸을 움직이는 동안 자신의 상처를 만나고 쓰다듬고 안아주게 된다.

'나'를 발견하고 나의 몸에 대한 자각을 통해서 새롭게 회복된 기억을 저장하게 된다.

이렇게 정해진 방식이 없는 춤은 상처가 치유되는 창조적 춤이다. 상처를 치유하는 '약' 같은 존재가 바로 춤이다. 지금 당장 발바닥에 닿는 감각에 집중해서 한 걸음씩 부드럽게 걸어보자. 그리고 내면의 '나'에게 집중해보자. 몸이 느끼는 것을 통해서 지금의 감정과 만나는 것. 그것이 바로 치유의 시작이다. 춤을 추며 몸은 시시각각 새로운 몸으로 창조된다.

춤은 몸을 움직여 뇌와 마음을 바꾸는 작업이다. 춤은 자신과의 만남이다. 태어나서 지금까지 내 몸에 어떤 역사가 새겨져 있는지 만나는 몸의 움직임이다. 내가 스스로 선택할 수 없었던 생애 초기부터 성인인 지금까지 살아오면서 어떻게 세상과 연결되어 살아왔는지 몸은 알고 있다. 내 몸은 사랑, 행복, 이별, 슬픔, 상실, 상처, 외로움 등 마음과 감정을 그려놓았을 것이다. 몸의 중요성을 잊고 열심히 살았던 내 삶의 순간도 그대로 있다. 구사일생으로 살아난 교통사고는 몸을 돌아볼 수밖에 없는 나로 반전의 축복을 선물했다. 몸을 만나면서 버리고, 절제하고, 용서하고, 나누는 인생 전반을 다시 공부하는 인생학교에 입학한 셈이다. 내 몸이 어떻게 애쓰며 살아왔는지 만나러 가는 길은 특별한 형식이 없다. 분주한 일상을 잠시 멈추고 음악과 함께 몸이 원하는 대로 걷고, 뛰고, 뒹굴고, 빙빙 돌기도 하는 동작을 한다. 춤이라고 하지만 그냥 마음대로 몸을 움직이는 한 마리 새처럼 자유로운 동작으로 몸과 만나 데이트하는 행복한 시간이다.

원하는 대로, 나를 느끼는 춤

춤은 주로 음악에 따라 몸이 원하는 대로 움직이지만 아래처럼
아기였을 때부터 지금의 나를 생각하며 몸의 발달에 기초해서
움직이는 동작법을 적어본다. 내가 처음 태어날 때부터 현재까
지 몸의 움직임과 발달 과정으로 춤 동작으로 표현한다.

조용한 음악, 때로는 빠른 템포의 음악으로 환경을 설정한다.
가장 편안한 자세로 눕는다.
좌로 우로 뒹굴며 뒤집기를 한다.
두 손과 두 팔을 움직여 배를 밀고 가고 싶은 곳으로 기어간다.
주변에 있는 물건이나 벽을 붙잡고 일어나 앉는다.
앉아서 움직일 수 있는 자유로운 동작을 한다.
벽, 물건을 붙잡고 일어선다.
벽을 붙잡고 걷는다.
벽에서 손을 떼고 처음으로 혼자 앞으로 걷는다.
사방으로 걷는다.
팔을 자유롭게 이리저리 뛰어 걷는다.

몸이 원하는 대로 자유로이 춤을 춘다.

몸이 멈추고 싶을 때 멈추고 심호흡을 한다.

가만히 멈추고 몸의 느낌에 집중한다.

몸의 느낌, 감정, 욕구를 기록지에 기록해본다.

내가 스스로 선택할 수 없었던 생애 초기부터
성인인 지금까지 살아오면서 어떻게 세상과 연결되어
살아왔는지 몸은 알고 있다.

4장

행복한 습관 4,
걷기

걷기는 몸의 근육뿐만 아니라 마음 근력도 키워준다.

우리는 어딘가를 향해 걸어가는 존재들이다.

걷기의 즐거운 혁명

아기가 태어나서 누워만 있다가 뒤집고, 기는 연습을 하는 동안 다리에 힘이 생긴다. 붙잡고 일어서기 시작하면 발을 떼면서 걸으려고 한다. 아직 혼자 서지도 못하는 아기는 배우지도 않았는데 발을 떼려고 한다. 아기의 발걸음 떼기 모습에서 우리 인간의 걷기에 대한 본능을 본다. 프랑스 소설가 올리비에 블레이즈Olivier Bleys가 쓴 책 《내가 걸어서 여행하는 이유》(2017)에서는 '먼 거리를 걸으면 본능이 살아난다'고 했다. 걸으면서 오감이 깨어난다. 마주치는 세상을 보고, 듣고, 느끼고, 맛과 향기까지 감각이 되살아난다. 오감이 깨어나면 몸의 쾌감이 생긴다. 이러한 쾌감은 건강과 연결되어 있다.

돌이켜보면 병원에서 와상환자로 누워있을 때가 가장 답답했다. '내가 다시 걸을 수만 있다면…' 소원하고 또 소원했다. 퇴원 후 다소 불안한 자세로 어기적거리며 걷기를 시도했다. 처음에는 집에서 서대문구 홍제천길 연남교 다리를 찍고 다시 집으로 돌아오다가 조금씩 걷기에 루틴이 생기면서 한강까지 걸었다. 거의 하루도 빠짐없이 한강까지 걷고 한강1호점 매점에서 생수 한 병 사서 마시고, 화장실을 찍고 돌아오는 일이 하루의 의식이 되었다. 이건 예행연습이었다. 척추가 조금씩 단단히 세워지면서 멀리 걸어보고 싶었다. 최종 목표는 '산티아고 가는 길'이다. 그러나 아직은 짐을 지고 걸을 수 없기에 단지 꿈일 뿐이다. 1년 동안 매일 걷기 연습을 했던 나 자신에 대한 점검을 해보고 싶었다. 코로나 19로 인한 사회적 거리두기 영향으로 계속 연기되다가 잠깐 풀렸을 때 원했던 걷기 여행을 갈 수 있었다. 바로 5박6일의 남파랑길 걷기 도전이었다.

'한국의 산티아고 길'이라 불리는 남파랑길! '南쪽의 쪽빛 바다와 함께 걷는 길'이라는 뜻으로, 부산 오륙도 해맞이 공원에서 전남 해남 땅끝마을까지 남해안을 따라 연결된 총 90개 코스, 1,470km의 걷기 여행길이다. 나는 그 일부 구간을 걸었다. 5박 6일간의 걷기 여행 짐을 쌌다. 아주 간단하게 작은 배낭하나로 출발했다. 새벽 6시 당산역 탑승을 위해 어둑한 길을 나섰다. 10년 전에 길에서 만났던 반가운 얼굴들이 나를 맞아주었다. 첫날은 미니버스에 짐을 두고 걷기를 시작했다.

남해 바래길 9코스인 '구운몽길(남파랑길 41코스)'은 15.4km이다. 구운몽길은 천하마을-금포항-상주은모래 비치해변-대량마을-소량마을-두모-벽련마을-원천항 바닷가 마을을 잇는다. 고전소설《구운몽》의 저자 서포 김만중의 유배지였던 '노도'를 보며 걷는 구간이 바로 구운몽길이다. 지금의 찻길이 생기기 전 마을 주민들이 걸어서 이동하던 옛 오솔길이다. 한려해상국립공원 지역에 포함되는 만큼 매우 아름다운 경관이 펼쳐진다. 언덕에서 보는 남쪽 바다가 에머랄드 쪽빛이다. 그 잔잔한 바다 빛이 햇빛에 반짝이는 걸 보니 삶의 찌꺼기가 씻겨지는 듯했다. 아름다움에 반해 날개를 단 듯 몸이 가벼워졌다. 코발트블루로 보였던 바다가 어느새 스카이블루로 변하기까지 했다. 자연의 위대한 걸작이다.

아름다운 해변 옛 마을길, 숲길로 이어졌다. 천하마을, 아슬아슬한 벼랑 끝 해안 길 바윗길을 따라 산허리를 휘감아 걸었다. 왼쪽으로는 쪽빛 푸른 바다가 출렁이고 있었다. 바닷바람과 파도가 함께 길을 따라 걸었다. 이어 대량마을, 소량마을을 지나는데 마을을 품고 있는 작은 포구들이 평화로웠다. 두모마을 벽련마을로 진행되는 코스 역시 밭길, 해안 산길이었다. 벽련마을에서 원천 항까지 약 3km는 발바닥도 아프고 좀 지루한 산길 밭길로 이어졌다. 누군가이 언덕을 넘어 다녔던 길, 우리의 어머니들이 손톱이 닳도록 씨를 심고 풀을 뽑았던 밭길을 걸으며 뙤약볕 아래 때를 넘기며 밭을 가꾸던 어머니들의 모습이 그려졌다. 누군가 한때는 소중히 여기며 걷고, 닦고, 가꾸었던 길이었을 것이다. 누가 이 아름다운 길을 계속 걸을 수 있을까. 길 위에서 경험은 추억을 퍼 올리고 그리움이며 깨달음이다. 걷는다는 것은 세상을 배우고 느끼는 것이다.

구운몽 길의 끝 지점인 원천항은 남해군 이동면 신전리에 위치한 작은 어항으로서 남해에서 잡히는 새우, 문어, 광어, 소라 등 어부들이 잡은 생선을 경매하는 어판장이었다. 길을 걷는 동안 삼삼오오 길가에 앉아 계시는 마을 어르신들만 만날 수 있었다.

길은 사람에게 위로를 준다. 길 위에서 만나는 사람, 자연, 기억을 통해 마음이 따뜻해진다. 처음 길을 만든 사람에 대해 생각해본다. 길과 사람의 연결이다. 세상은 혼자가 아님을 깨닫게 한다. 걸으면 기분이 좋아진다. 걷기는 몸의 근육뿐만 아니라 마음 근력도 키워준다. 우리는 어딘가를 향해 걸어가는 존재들이다. 우리가 살아가면서 자주 걷는 길은 마을길, 해안길路, 차가 다니는 길徒路, 막힌 길, 돌아가는 길迂廻路, 아니면 잃어버린 길迷路들을 걷는다. 이번 여행에서 이런 길을 합해서 약 120km를 걸었다. 다리가 튼튼해진 기분이다. 다리가 튼튼해야 생각, 감정의 근육도 튼튼해진다. 걷기는 마인드 휫트니스다. 다니로 자넹Danilo Zanin은 《나는 걷는다. 고로 존재한다》(2017)에서 걷기는 '천연의 자연요법'이라고 말한다. 걷기는 몸과 마음을 풀어주는 약이 된다는 뜻이다. 내가 걷는 것은 내 몸을 치유하기 위해서다.

세계보건기구WHO는 매일 30분 정도의 걷기를 권장하고 있다. 걷기를 자주 할 때 각종 성인병에서 벗어날 수 있다. 의학자들은 자주 걸으면 심장병 확률을 40%까지 줄일 수 있다고 말한다. 나는 이 천연 처방전에 따라 잘 수행하고 있다. 걸으면서 몸을 느낀다. 걷고 난 후 저녁에는 따뜻한 물에 약 15분 정도 담그고 멍때리기를 한다. 가장 고생을 한 발가락부터 만져준다. 토닥여준다. 고맙다고, 감사를 보낸다.

삶은 길이다. 그러나 길을 걷는 각자의 목적지는 다를 수 있다. 길이 아닌 곳으로 가면 위험하고 길을 잃을 수도 있다. 마찬가지로 길에서 혹은 우리 삶에서 정답은 없다. 걸으면서 나를 바라보고, 걸으면서 진정 나다운 삶을 찾아보면 된다. 숲을 걸을 때는 숲을 생각하고 때로는 숲이 나를 본다는 생각으로 걷는다. 만약 걷지 못한다면 어떻게 될까? 류머티즘, 관절염 혹은 골절로 인해서 한 발자국도 걷지 못하는 사람도 있다. 나도 걷지 못했던 순간이 떠오른다. 그 절망의 순간을 생각하니 새삼 걸을 수 있음에 기쁘고 감사하다.

2021년 봄, 남파랑길 장거리 도보여행은 내 몸의 치유뿐만 아니라 내 마음 더 깊은 곳, 더 넓은 곳, 세상의 길로 내딛게 했다. 이처럼 걷기는 내 삶을 변화시킨다. 걷기는 내 삶의 사용 설명서를 쓰게한다. 걷기의 색다른 경험은 또 나를 길 위에 서게 할 것이다.

삶과 함께하는 걷기

칸트, 니체, 루소 등은 걷기를 멈추면 생각도 멈춘다고 했다. 우리 삶은 늘 걷기와 함께한다. 걸으면 가보지 않은 길에 대한 호기심도 생기고 더 높은 사유를 할 수 있는 기회가 생긴다. 걷기를 통해 몸을 움직여서 내 뇌 안에 작은 변화들이 일어나고 있음을 느낄 수 있다.

1. 가벼운 운동화를 준비한다.
2. 손목, 발목, 허리 돌리기 등 가벼운 스트레칭을 한다.
3. 처음 걷기 시작할 때는 집 안에서 음악(행진곡)을 틀어놓고 제자리 걷기를 한다.
4. 주변으로 처음 나갈 때는 동네 길을 어슬렁거리며 가볍게 걷는다.
5. 조금씩 걷기의 즐거움을 느끼면 개천 길, 자락 길, 둘레 길을 따라 걷는다.
6. 길에서 만난 몸과 마음, 자연의 보물들을 기록한다.

5장

행복한 습관 5,
감정 다스리기

판단을 잠시 유보한 상황에서 마음속에 일어나는 일을 있는
그대로 바라보자. 이는 화, 분노를 조절할 수 있는 단단한 근
력이 된다.

표출하기와 다스리기 사이

사람의 마음이 하는 일은 인지와 정서로 나눌 수 있다. 사람이 생각하고 느끼는 까닭은 마음의 작용 때문이다. 프란치스코 바젤라는 《몸의 인지과학》에서 "몸은 마음속에 있고, 마음은 몸속에 있으며, 몸·마음은 세계의 일부이다."라고 주장했다. 인간의 마음은 신체적 경험, 특히 감각운동, 경험에 의해 형성된다. 마음은 컴퓨터 소프트웨어와 같아서 어떤 적절한 컴퓨터나 신경하드웨어에도 작용할 수 있는 컴퓨터 같은 사람은 없다. 마음속에 일어나는 우울감이나 화, 분노는 감각을 통해 경험한 것에서 온다. 마음은 생명을 위협할 때도 있다. 마음이 불안할 때 감정을 혼자 감당하지 못해서 안절부절하는 경우가 있다. 어떻게든 감정을 밖으로 표현해야 하지만, 적절한 방법을 알기란 힘들다. 그래서 감정의 활성과 제약의 조절, 즉 감정 다스리기가 중요하다.

감정을 다스리기 위해 가져야 할 첫 번째 마음가짐은 '경청'이다. 먼저 내 마음의 소리에 경청하고, 다음으로 타인의 말에도 공감하며 경청해보자. 온 마음으로 듣다 보면 마음이 따뜻해지고 따뜻한 말이 나온다. 나는 듣기보다 말하기를 더 좋아했던 사람이다. 어떤 장소에서든 주도적으로 이야기를 이끌었다. 말하는 것도 에너지 소비가 크다. 말을 많이 하면 긍정적인 영향도 있지만 들을 때보다 마음이 더 허탈해질 때도 있다. 내가 알고 있는 것을 퍼내기만 했지 채우는 일에 소홀해서다. 채우는 일은 듣기이며, 표출하기 전 채우는 일은 몸과 정신의 건강에 매우 중요한 역할을 한다. 나는 사람과 자연의 소리를 들으며 배워나가는 채움의 경험을 소홀히 했고, 상담을 시작하면서 비로소 듣기 훈련을 할 수 있었다. 오감 너머 내면의 욕구까지 들을 수 있는 훈련은 결코 쉽지 않았지만, 나의 패턴을 관찰하고 내 욕구에 귀를 기울이며 많은 것을 깨달았다. 어렵지만 아직도 계속하는 연습이다.

감정을 다스리는 데 있어 눈물은 감정 표출의 한 방편으로 매우 유용하다. 눈물은 마음을 달래주는 뇌신경물질의 분비를 촉진한다. 마음에 쌓인 응어리를 풀어내는 데 효과적이다. 미국의 아동심리학자 솔터 알레타Aletha Solter 박사는 "눈물은 인체가 복원되려는 노력이며 힐링의 과정"이라고 말했다. "실컷 우는 아이의 질병 회복이 울지 않는 아이들보다 훨씬 빠르다"는 연구결과를 내놓기도 했다. 남녀노소 할 것 없이 '눈물'을 흘리는 행위는 우리 내면에 쌓인 분노와 화, 다양한 응어리를 꺼내놓게 하는 좋은 촉매제가 될 수 있다.

"어른은 울면 안 돼.""남자는 쉽게 울면 안 돼.""우는 건 약한 거야." 등으로부터 벗어나 힘겹고 답답하고 스트레스를 받는다고 느낄 때, 눈물을 흘리며 아픈 마음을 토닥여보자. 이는 감정을 다스리는 좋은 시간이 된다. 돌발적으로 화가 분출되는 상황도 미리 막을 수 있다.

또 하나의 방법은 자연과 교감하는 것이다. 자연과의 교감은 감정을 다스릴 뿐 아니라 몸과 마음 모두를 건강하게 해준다. 현대인은 급변하는 환경과 지나친 조명 등으로 밤낮 긴장 상태에 있다. 자연의 일부분인 인간은 자연 속에서 마음이 평화로워진다. 즉, 자연 속에 있을 때 오감이 안정되고 평안해진다. 전문가들은 특히 "숲을 가까이 하라"고 한다. 숲의 공기 중에 있는 피톤치드·음이온·산소 등은 신진대사와 뇌 활동을 촉진하고 피로회복을 돕는다. 요즘 숲길 걷기 명상이나 숲길 프로젝트가 많은 이유다. 햇빛도 정신건강에 좋다. 비타민D를 합성하고, 우울증 치료에도 도움이 된다. 세로토닌 분비를 촉진해 우리 몸에 생기를 불어넣는다.

더불어 운동을 하는 것도 감정 다스리기에 큰 도움을 준다. 운동은 엔도르핀·세로토닌과 같은 신경전달물질의 분비를 촉진해 스트레스·우울감 해소에 좋다. 신진대사를 활성화하고, 신체 에너지를 생성해 자신감을 높여준다. 근육량이 늘어나면 기초대사량이 높아지고 뼈도 단단해진다. 면역력도 증가한다. 코로나19로 인해 운동하기도 만만치 않다. 그래서인지 홈트(집에서 트레이닝)가 유행이다. 홈트로 운동패턴을 만들어가고 있다. 무릎을 구부렸다가 펴는 스쿼트, 플랭크, 기마자세로 버티기, 계단 오르기, 신체의 좌우 교차체조 등 다양한 운동으로 근력, 지구력을 단단하게 할 수 있다.

내 감정 있는 그대로 바라보기

사람이 경험한 모든 것들은 자기 변화적 과정이다. 이 경험은 자연스러우면서도 원하는 방향으로 나아가기 위한 집중된 관찰이다. 이는 외적으로는 주변상황과 상호작용이 가능하게 할 뿐만 아니라 내적으로 자기변화의 과정에서 감정을 알아차리고 화를 다스릴 수 있는 조절이 가능하게 한다. 판단을 잠시 유보한 상황에서 마음속에 일어나는 일을 있는 그대로 바라보자. 이는 화, 분노를 조절할 수 있는 단단한 근력이 된다. 이러한 자기조절력은 몸과 마음을 평온하게 한다.

1. 하루에 세 번씩 몸과 감정이 만나는 시간을 마련한다.
2. 감정을 자세히 탐색하고 그 감정에 이름표를 달아준다.
3. 감정 이름을 불러준다. 하나의 감정에 세 번씩 불러준다.
4. 이름을 불러주고 잠시 머문다.
5. 감정과 연결되어 있는 몸을 바라보며 느낌, 욕구, 기대를 기록한다.

6장

행복한 습관 6,
치유 글쓰기

글을 쓰는 시간은 나를 보는 변화의 시간이다.

트라우마와 마주하는 글쓰기

충격적인 교통사고의 후유증 때문에 아직도 내 마음이 벼랑 끝에 서 있다가 절벽에서 떨어지곤 한다. 조심조심 한 발씩 헤쳐 더욱 안전한 곳으로 나아가기 위해 글을 써보기로 했다. 두려워하던 그 순간에 대해 몸서리를 치며 실눈을 뜨고 바라보는 연습도 빼놓지 않았다. 글을 쓴다는 것은 상처, 욕구, 바람과 마주하는 시간이다. 글을 쓴다는 것은 다른 사람과 소통하고자 하는 일종의 의례(예식)다. 글을 쓴다는 것은 나의 정신적·영적 바라봄의 시간이자 회복을 갈구하는 시간이다.

글을 쓰면서 가던 길을 잠시 멈추어 묵상한다. 잘 가고 있는지, 여태 온 길을 돌아보고, 앞으로 나아가야 할 방향을 바라보며 나를 다독여본다. 내가 쓴 글은 일기가 되었다가 편지가 되었다가 미래 계획서가 되기도 한다. 몸과 함께 걸어온 일기는 내 개인의 몸과 사회, 세계가 마치 생태적 환경을 드러낸 그림처럼 잔잔히 퍼져 있다.

어떤 순간은 가슴이 저리고, 어떤 순간은 미소가 돋는다. 내 몸 일기를 멀리 떨어져서 관조해 보면 울다가 웃다가 한 편의 드라마 같다.

글을 쓰는 동안 두려워서 멈추고 있던 내가 보인다. 불안해서 예민하게 긴장하고 있는 나, 그런 나를 보는 것이 고통스럽지만, 생사의 기로에서 다시 살아났으니 진실하게 직면하고 고백해본다. 먼저, 마주하기 어려운 순간 이전의 마음과 의도를 돌아보며 다독여본다. 그래야 그다음 예식에 참여할 수 있다. 끔찍한 순간도 순하게, 섬세하게 사실과 감정을 따로 바라보려 한다. 그 힘든 예식이 끝난 후에도 다음 예식을 위해 다시 새로운 처방전을 준비해본다.

사고 트라우마 극복을 위한 글을 쓰려고 하니 처음에는 머리가 하얘지고 한 줄도 쓰이지 않았다. 대신, 혼자 나에게 보내는 글을 쓸 때는 술술 잘 써졌다. 또 때때로 외부 원고 청탁을 받고 A4용지 15매 이내의 글은 큰 부담 없이 썼다. 그런데 트라우마와 관련된 글을 쓰려고 하니 한 줄도 쓸 수가 없다. 내 안의 고통과 마주친 그 순간 마주칠 용기가 나지 않았다. 그러나 솔직한 심정을 일깨워 내 어두운 마음의 숲을 한 걸음씩 떼어보았다. 누군가의 비판이나 판단은 접어두기로 했다. 그냥 나 자신과 진실된 만남을 생각하면서 첫발을 내디뎠다.

글을 쓰면서, 내 속에 여기저기 숨어 있던 열등감과 상처를 만난다. 지난 시간 동안 해오던 모든 것을 잠시 멈추고, 다시 일어나 걷기를 2년 동안 계속했다. 이 고통과 부끄러움을 딛고 일어선 나를 가만히 안아보았다. 어두운 나의 내면을 헤치면서 걸을 때 수많은 가지를 쳐가면서 나아갔다. 많은 일, 성과가 나의 능력의 잣대인 양 온 힘을 다해 살았던 나를 바라보니 참 불쌍한 생각이 들었다.

나는 어떤 사람인가? 무엇을 향해 이리도 열심히 달려왔는가? 삶의 근원적인 문제를 다시 물으며 번아웃 상태의 나, 상처 입은 나를 보듬어 주며 약을 발라주었다. 조금씩 껍질을 벗어던지니 가벼워졌다. 다양한 사람, 다양한 기관들과 연결하여 이리저리 뛰었던 순간들이 한 편의 영화처럼 주마등을 스쳤다. 나에게서 빠져나와 나를 바라보았다. 나를 넘어서 나와 주변이 아름답게 하모니를 이루고 있는지 보았다. 관계 안에 붙어있으려고 애쓰던 나도 보았다. 얼마나 서로를 불편하게 했을지, 버거워졌다.

12월 마지막 주 교회 설교 말씀이 떠오른다. 이제 목적 지향적인 삶을 사는 것이다. 이전의 소유지향적인 삶To have에서 존재 지향적인 삶To be를 넘어 사명지향적To give인 삶을 살아야겠다고 다짐해 본다. 컴퓨터 자판을 두드리며 그 여정을 그려본다. 내 삶을 글로 채운다.

사랑하는 나의 몸에게

글을 쓰는 시간은 나를 보는 변화의 시간이다. 밖으로 나와서 나를 들여다보니 내가 기를 쓰고 했던 일과 그 태도가 주변을 얼마나 힘들게 했는지 보이기 시작했다. 전 서울대 교수였던 배철현 작가의 《심연》에서 그는 '나를 넘어선 나'를 '위대한 개인' 이라고 말한다. 위대한 개인이란, 자신을 깊이 관찰할 때 그 모습을 드러내는 '또 다른 나'라고 했다. 관찰의 힘이다. 그리고 글쓰기는 관찰의 힘을 갖게 해주는 강력한 도구다.

1. 매일 아침 샤워 시간에 몸과 만난다.
2. 화장을 하면서 몸과 만난다.
3. 머리를 단장하면서 몸과 만난다.
4. 옷을 갈아입으면서 몸과 만난다.
5. 불안함으로 가슴이 두근거리는 몸과 만난다.
6. 예상치 못한 소리나 상황에 깜짝 놀람으로 몸과 만난다.
7. 가장 끔찍한 순간은 더 천천히, 더 자세히 관찰하며 몸을 만난다.
8. 몸이 기억하고 있는 몸을 단어로 만난다.
9. 몸과 만나는 장면을 자세히 묘사하는 성찰 글쓰기를 한다.

7장

행복한 습관 7,
놓아주기

이 밀당의 전제에 '사랑'이 있어야 한다. 언제나 내 몸이 하
는 말을 듣고 귀 기울이며, 거기에 반응해주겠다는 약속. 나
와 내 몸의 신뢰만 있다면 우리는 언제나 다시 건강해질 수
있고, 몸과의 사랑을 지속할 수 있다.

내 몸이 원하는 것과 밀당 연습

사고가 나고 몸을 치유하게 되면서 건강과 몸에 대한 나의 관심과 관점이 달라졌다. 요즘에는 자주 현재 내 몸이 원하는 것을 관찰해보게 된다. 오랜 시간 동안 익숙해진 내 일상의 시간표가 내 몸에 새겨져 있는 걸 보게 된다. 앉는 것을 싫어해서 누워서 책을 읽고, 식사는 가루를 물에 타서 후루룩 마시는 것을 선호한다. 분명 건강한 생활습관이 아니다. 이 습관을 바꾸려고 하면 할수록 더 단단한 끈으로 몸이 묶이는 느낌이 든다.

밤 10시가 넘어가면 생각나는 음식이 있다. 바로 라면이다. 한밤중에 먹는 라면이 어찌나 맛있는지 종종 밤 10시가 넘으면 자동적으로 냄비에 물을 받아서 라면 끓일 준비를 했다. 약간 익은 김치와 라면을 먹는 그 시간이 얼마나 짜릿하고 포만감을 주는지. '밤늦게 먹는 짭짜롬한 라면은 몸에 나쁘니 먹지 말아야지.' 생각하는 순간 더 먹고 싶어진다. 그땐 먹고 싶은 대로 내버려두고 에라 모르겠다,

먹어버리고 아침이면 후회를 했다. 얼굴은 퉁퉁 붓고, 속은 쓰리고 더부룩했다. 그렇게 하고 싶은 대로 마음껏 하도록 자유로이 풀어주었다. 몇 날 며칠을 그렇게 라면을 먹을 때도 있었다.

그러던 어느 날 갑자기 라면이 싫어졌다. 라면 냄새도 맡기 싫을 정도였다. 몸이 거부했다. 라면과의 절교에서 얻은 교훈이 있다. 몸에 좋건 나쁘건 하고 싶을 때 마음껏 다 경험해보게 하는 것이다. "술 먹지 마라." "게임 하지 마라." "그만 놀고 공부 좀 해라." 등 통제와 간섭은 결국 그 행동에 대해 더 호기심을 부여하고 지속하게 한다. 전략을 바꿨다. 지칠 때까지 해보도록 놓아주기로 한 것이다.

50대 후반의 여성이 상담실을 찾아왔다. 내담자는 자신을 '예민한 사람'이라고 표현했다. 신경쇠약이 걸릴 정도로 자녀 양육이 힘들었다며 지금은 '빈둥지증후군'과 건강에 대한 두려움으로 외부활동도 잘 못 하고 있다고 했다. 자신이 이렇게 된 것은 다 딸 때문이라며 딸 이야기를 했다. 딸은 30대 아기 엄마다. 학창시절에 딸이 얼마나 놀기를 좋아했는지 공부는 뒷전이었다. 매일 교문에서 딸을 기다렸다. 그런데 딸은 어디로 빠져나갔는지 순식간에 학교를 벗어나 친구들과 놀곤 했다. 유명 가수의 콘서트가 있는 날이면 가방에 사복을 챙겨나가거나 옷을 새로 사 입고 콘서트장에 가곤 했다. 집에 오면 혼나고 맞는다는 걸 알면서도 즐겁게 놀 수 있는 곳이면 어디든 가고 놀았다. 당시 사람이 많이 모이는 곳에서 압사 사고가 종종 일어났던 터라 그 뉴스 장면이 머릿속에 가득하여 노심초사했단다.

딸에 대한 통제에 방법만 계속 생각했다. 그 어떤 통제에도 번번이 실패했다. 당시 부모와 자식 관계는 원수처럼 미워하고 폭력을 휘두르기도 했다.

그렇게 청소년기를 보냈던 딸이 성인이 되어 결혼을 했다. 청소년기 친구들과 어울려 다니면서 놀던 버릇은 온데간데없고 정말 예쁘게 잘 산다. 정리정돈뿐만 아니라 아기도 야무지게 잘 키우는 주부백단으로 잘 산다며 엄마는 지난날을 후회했다. 자신이 무엇을 하고 살았는지 모르겠다며 허전함과 자책감에 아무도 만나고 싶지도 않다고 했다. 건강 주의 신호는 오고 살아가는 게 두렵다고 했다.

자녀가 나쁜 환경으로 빠질까 봐 부모가 걱정하는 것은 당연하다. 그러나 친구와 놀기에 빠져서 노는 아이는 강하게 통제하면 할수록 감시와 통제를 피해서 놀 궁리만 하게 된다. 아이는 훌쩍 커버리고 엄마는 자녀를 사랑이라는 이름으로 했던 훈육이나 통제로 서로에게 상처만 남기고 힘들어한다. 엄마의 마음대로 하고 싶어도 잠시 아이가 친구에 미쳐 있을 때, 공부보다 놀이에 몰입할 때 스스로 힘이 풀리고 돌아올 때까지 지켜봐주고, 너그러운 마음으로 내 욕심을 내려놓았어야 했다. 삶이 원하는 대로 순조롭게 잘 흘러가기를 바라지만 생각대로 잘 지나가는 것을 보았는가? 극히 드물다. 내 욕망에 사로잡힌 집착을 놓아버림으로써 오히려 더 자연스럽고 평화롭게 흘러갈지도 모른다.

나 자신으로 돌아와서 본다. 혼자 집을 떠나는 것을 싫어하는 가족들이 있다. 늘 가족들의 통제 안에 훌쩍 떠나는 일을 못 했다. 역할에 충실했다. 내 위치와 체면을 지키며 살았다. 이제 놓아주기를 원한다. 전국 도보 걷기, 전국 자전거 라이딩, 혼자 여행가기, 춤 배우기, 혼자 놀기 등 내 몸이 시키는 대로 자유로이 놓아주기로 했다. 다만 선택에 대한 책임도 내가 지면 되니까 그냥 나를 놓아주기로 했다.

나는 이제 내 몸과 끝없는 밀당 중이다. 몸은 예전에 내가 좋아하던 것으로 다시 채우고자 할 때가 있다. 그럴 땐 그냥 놓아버리기도 한다. '그래, 원하는 만큼 해봐.' 하고 놓아주면, 금세 몸은 이야기한다. "아니야. 다시 이렇게 하자." 걷기가 좋은 걸 알지만 누워 있고 싶고, 좋은 걸 먹어야 한다는 걸 알면서도 입에만 좋은 음식들이 당기고, 일정이 빡빡해 분명 무리가 된다는 걸 알면서도 욕심을 부리는 나 자신과 나는 날마다 행복한 밀당을 하는 것이다. 그러나 여기에서 전제가 있다. 바로 이 밀당의 전제에 '사랑'이 있어야 한다는 것이다. 언제나 내 몸이 하는 말을 듣고 귀 기울이며, 거기에 반응해주겠다는 약속. 나와 내 몸의 신뢰만 있다면 우리는 언제나 다시 건강해질 수 있고, 몸과의 사랑을 지속할 수 있다.

알아주고 놓아주기 연습

누구든 내 마음을 알아주는 사람을 좋아한다. 알면서도 잘못을 저지를 때 그것을 덮어주고 지켜봐주면 금세 돌아온다. 내 몸도 그렇다. 내 몸이 아플 때, 화날 때, 안 좋은 것을 원할 때, 실수할 때… 그 모습을 있는 그대로 알아주고 놓아주는 연습을 하자.

화가 날 때 몸과 만난다.

왜 화가 나는지 거울에 비친 내 눈을 바라본다.

화가 난 내면 탐색을 한다.

화가 나서 기분 나쁜 감정을 준 몸을 인정하고 수용한다.

'~하지 못해서 화가 났구나' 말해준다.

'~해야만 한다'는 식의 왜곡된 신념을 내려놓는다.

다른 관점으로 바라본다.

몸이 이완되고 기분이 가벼워진다.

성찰된 몸, 마음, 행동의 변화에 대한 기록을 한다.

우리 몸은 소우주라고 했다.
계절의 흐름, 밤과 낮의 흐름대로 바라보고,
보살펴주어야 자연다운 자연을 느끼고 누릴 수 있다.

사랑하는 나의 몸에게

사랑하는 내 몸 안녕? 요즘 들어 자주 만나게 되어 더 친해지는 느낌이야. 막연하게 찌뿌둥함도 금세 마주칠 수 있어서 다행이야. 언제부터인가 몸에서인지, 마음에서인지 답답함만 떠오르고 이름이 기억나지 않을 때가 있어. 얼굴은 빤히 알겠는데 이름이 떠오르지 않는다든지, 이름은 또렷하게 눈앞에 그림으로 놓여 있는데 얼굴이 연결되지 않는다든지. 생각만 복잡하게, 시간에 쫓기며 살아온 나날들이 몸을 지치게 한 것 같아.

지금 생각하니 너는 정말 신묘막측하다는 말 외에 다른 표현이 없어. 어쩜 과학적으로 증명할 수도 없는 신비로운 율동과 아름다운 자태를 스스로 빛나게 하는지 이제야 자세히 보게 되었어. 사고가 나서야 비로소 보였던 너! 이전에는 내 삶을 너는 소리 없이 다이고 지고 가는 줄 몰랐어. 긴 시간 동안 혼자 내 욕망의 짐을 진 너를 한 번도 제대로 보지도 듣지도 못했구나. 무겁고 외로웠을 너를 생각하니 참 후회스럽고 미안하구나. 오늘 자세히 머리끝부터 발끝까지 눈을 맞추고, 말을 걸어보니 내가 다 기억도 할 수 없지만 많은 흔적이 보이는구나.

    16살 이마에 난 여드름 자국, 이마에 삶의 훈장처럼 점점 선명해
지는 가로주름, 6살 때 개울에서 놀다가 넘어져서 왼쪽 눈썹에 끊어
진 다리처럼 돌에 찍힌 상처, 6살 때 들판에 일하러 가시는 엄마 따
라가려고 떼쓰다가 엄마가 살짝 떼어놓는 순간 뾰족한 돌멩이에 찍
힌 왼쪽 눈썹 끝 상처, 마을에 풀어 놓고 키우던 개에게 물렸던 상
처, 예방접종했던 상처, 아기를 임신했을 때 가슴이 커지고, 첫 아기
를 낳으면서 24시간 동안 정기적 통증으로 소리쳤던 순간들, 아기
가 좁은 산도를 지나 밖으로 나오지 못해서 살을 찢어서 아기가 나
오고 꿰맸던 흔적, 모유수유를 하면서 앓았던 젖몸살과 젖을 말리는
약을 먹고 갑자기 젖이 마르고 축 처진 가슴, 1991년 봄에 배가 당
겨서 갑자기 응급실로 실려 간 다음 날 왼쪽 난소 수술 상처 등 외부
에 난 상처뿐만 아니라 내가 세 살 아기였을 때 똥·오줌을 싸고 똥
을 장난감 삼아 놀고 있는 너의 모습 등 마음 안에 난 삶의 흔적들을

헤아린다면 밤을 새워도 다 헤아릴 수가 없구나.

　너는 그래도 되는 줄만 알았어. 무엇을 중요하게 여기며 살았기에 소중한 너를 그 긴 시간 동안 잊고 살았을까? 몸을 소중히 여기고 가꾸는 것은 차원이 낮은 것이라고 보고, 정신적인 양식과 사회적 관계에만 중요하게 생각하고 그 역할에만 충실하게 살았구나. 오늘 여기 서서 보니 그게 아니었단 걸 알겠어. 참 미안하다. 그리고 그동안 잘 견뎌줘서 고맙다. 앞으로 더 많이 친해지고 싶어. 내가 네 곁에 오래 함께 있고 싶어. 남은 날 동안 너의 소리를 잘 들을 수 있는 고요함으로 매 순간을 감각할게. 아름다운 날을 만들어가자.

　문득 분홍빛 벚꽃 향기가 그리울 때, 마음이 허물어져가는 이 시간에 너를 다시 만나서 새로운 약속을 다질 수 있게 해줘서 고마워. 나는 너로 인해 다시 보살핌의 사랑을 배우고 자족을 배우게 된 축복 받은 사람이란다. 나는 너와 정다운 친구가 되어 신나게 건강하게 행복을 누리며 또 그 행복을 주변과 나누며 살고 싶어.

"미안해."
"고마워."
"감사해."
"사랑해!"

사랑하는 나의 몸에게

초판 1쇄 인쇄 _ 2022년 5월 15일
초판 1쇄 발행 _ 2022년 5월 25일

지은이 _ 염두연

펴낸곳 _ 바이북스
펴낸이 _ 윤옥초
책임 편집 _ 김태윤
책임 디자인 _ 이민영

ISBN _ 979-11-5877-296-3 03180

등록 _ 2005. 7. 12 | 제 313-2005-000148호

서울시 영등포구 선유로49길 23 아이에스비즈타워2차 1005호
편집 02)333-0812 | 마케팅 02)333-9918 | 팩스 02)333-9960
이메일 bybooks85@gmail.com
블로그 https://blog.naver.com/bybooks85

책값은 뒤표지에 있습니다.
책으로 아름다운 세상을 만듭니다. ― 바이북스

미래를 함께 꿈꿀 작가님의 참신한 아이디어나 원고를 기다립니다.
이메일로 접수한 원고는 검토 후 연락드리겠습니다.